KB195134

잼잼

쉬운

영어

매일 365

잼잼 쉬운 영어 매일 365

저 자 이원준
발행인 고본화
발 행 반석출판사
2025년 1월 15일 초판 1쇄 인쇄
2025년 1월 20일 초판 1쇄 발행
반석출판사 | www.bansok.co.kr
이메일 | bansok@bansok.co.kr
블로그 | blog.naver.com/bansokbooks

07547 서울시 강서구 양천로 583. B동 1007호
(서울시 강서구 염창동 240-21번지 우림블루나인 비즈니스센터 B동 1007호)
대표전화 02) 2093-3399   팩 스 02) 2093-3393
출판부 02) 2093-3395   영업부 02) 2093-3396
등록번호 제315-2008-000033호

ISBN 978-89-7172-103-2 (13740)

잼잼
쉬운 영어
매일 365

반석출판사

지구촌이 글로벌 시대에 접어든 지도 꽤 오래되었습니다. 아울러 전 세계가 머지않아 일일생활권이 될 거라는 전망도 현실화되고 있으며, 세계는 하루가 다르게 개방화, 국제화되어 영어라는 거대한 언어로 통합되고 있습니다.

우리는 영어를 매일 접해서 너무나도 익숙하지만, 막상 영어로 된 문장을 보면 어렵게만 느껴지고, 영어로 말하려고 하면 울렁증이 생기고 하는 것도 사실입니다. 이토록 중요한 영어, 그리고 너무나도 익숙하지만 어려운 영어를 어떻게 공부해야 할까요?

영어 공부는 날마다, 조금씩이라도 꾸준히 하는 것이 중요합니다. 의욕에 넘쳐 너무 많은 양을 날마다 공부하려고 하면 며칠 하다가 그만두고 싶어지죠. 그래서 이 책은 하루에 6개의 문장을 공부할 수 있도록 구성하였습니다. 하루에 딱 5분만 투자해서 상황에 맞는 영어 문장을 6개씩 익히는 정도라면 그래도 꾸준히 할 수 있지 않을까요? 그렇게 1년 정도 공부할 수 있다면, 그래서 이 책에 있는 다양한 상황들에 사용할 수 있는 영어를 익힌다면 어느새 우리의 영어 실력은 훌쩍 자라 있을 것입니다. 만일 하루 분량의 학습에 익숙해지고, 1년보다 더 일찍 책을 마치고 싶다면 본인이 생각하기에 적당한 양대로 여러 날의 분량을 하루에 읽어도 좋습니다.

가볍고 쉽게 공부할 수 있도록 구성한 책인 만큼 들고 다니기 쉽게 아담한 크기로 제작되었습니다. 그러면서도 활자 크기가 작지 않아 젊은 층은 물론 중장년층 등 다양한 연령대의 학습자가 쉽게 볼 수 있게 구성되었습니다.

내용 면에서도 일상생활이나 여행 또는 비즈니스 등 다방면에 걸쳐 두루 활용할 수 있으며, 초급자들도 쉽게 찾아 바로바로 말할 수 있도록 영어발음을 한글로 표기했습니다. 꼭 필요한 한 마디 한 마디를 정성껏 간추려 실었고, 본문 이해에 도움이 될 수 있도록 페이지 하단에는 필요한 단어들을 간추려 놓았습니다.

★ 하루에 5분! 날마다 꾸준히 공부할 수 있도록 독려하는 데일리 구성
★ 장면별 구성으로 어느 상황에서든 유용하게 쓸 수 있는 사전식 구성
★ 영어 초보자도 가볍게 접근할 수 있도록 한글로 발음 표기
★ 이 책 한 권으로 영어 초·중급회화 완전정복

모쪼록, 이 책을 접하신 모든 분들에게 유익한 교재가 되기를 진심으로 바랍니다.

이 책의 특징

❶ 하루에 5분씩! 5~6문장을 꾸준히 1년 동안 공부하여 영어 초·중급회화를 정복할 수 있도록 구성하였습니다.

❷ 영어를 잘 모르더라도 쉽게 접근할 수 있도록 영어 문장에 대해 가능한 한 원음에 가깝게 우리말로 발음을 표기하였습니다.

❸ 일상생활, 여행, 비즈니스 등 다양한 상황에서 활용할 수 있도록 폭넓게 다루었으며 장면별로 어느 상황에서나 유용하게 사용할 수 있도록 구성하였습니다.

❹ 원어민이 녹음한 본문 mp3 파일과 QR코드를 제공합니다.

(다운로드: 반석출판사 홈페이지 http://bansok.co.kr)

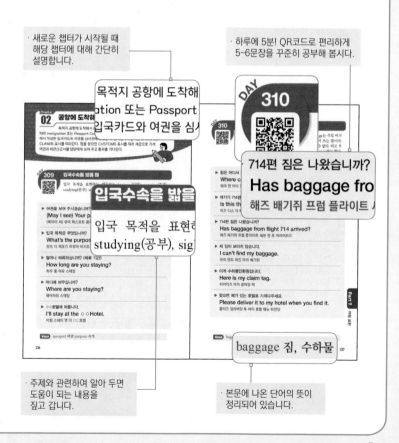

· 새로운 챕터가 시작될 때 해당 챕터에 대해 간단히 설명합니다.

· 하루에 5분! QR코드로 편리하게 5~6문장을 꾸준히 공부해 봅시다.

· 주제와 관련하여 알아 두면 도움이 되는 내용을 짚고 갑니다.

· 본문에 나온 단어의 뜻이 정리되어 있습니다.

5

목차

Part 6 화제 표현

Chapter 01 개인 신상

Chapter 02 가족관계

Chapter 03 주거

Chapter 04 우정과 이성 교제

Chapter 05 데이트

Chapter 06 결혼

Chapter 07 직업

Chapter 08 취미와 여가

Chapter 09 오락과 문화

Chapter 10 요리

Chapter 11 건강

Chapter 12 스포츠와 레저

Chapter 13 외모와 패션

Chapter 14 성격과 태도

인사 표현

인간관계의 첫걸음은 인사말로부터 시작된다.
나라마다 인사법은 대개 시간, 장소, 대상에 따라
달라지게 마련이지만 인사표현과 얼굴 표정에서
마음이 드러나게 되므로 반가움을 표현하는 것
이 매우 중요하다.

일상적인 인사 표현

대화의 상대가 누군지, 혹은 초면인지 구면인지, 언제 어디서 만났는지 등에 따라 인사표현은 달라지게 마련이다. 서양인들은 언제 어디서나 안면이 있건 없건 가볍게 인사를 건네는 문화를 갖고 있다. 어떤 장소와 시간을 불문하고 외국인을 만나면 가볍게 인사하는 버릇을 갖도록 하자. 그냥 눈웃음을 짓거나 손만이라도 흔들어 반가운 표정을 지어 보자.

001 아침·낮·저녁에 만났을 때

가까운 사람에게 미소를 띠우며 Hi, there!라고 말해 보자. 가능하다면 Hello! / Hey! / Hi, How are you?를 섞어서 인사를 해 보자. 인사를 할 때 이름을 부르거나 직위, 즉 friend, Mr. 등을 붙여 주면 된다.

▶ 안녕!

Hi!
하이

▶ 안녕하세요!

Hello!
헬로우

▶ 안녕하세요! (아침 인사)

Good morning!
굿 모닝

▶ 안녕하세요! (낮 인사)

Good afternoon!
굿 애프터눈

▶ 안녕하세요! (밤 인사)

Good evening!
굿 이브닝

Voca morning 아침 afternoon 오후 evening 저녁

DAY 002 근황을 물을 때

근황을 묻는 말에 대한 대답은 정도에 따라서 조금씩 다르게 할 수 있는데, 최고로 좋을 때는 Great. / Couldn't be better. 등으로 대답하고, 일반적으로는 좋다는 의미로 Fine. / Okay. / Everything is O.K. 등으로 대답한다. 그저 그렇다, 별일 없다라고 말할 때는 So-so. / Not too bad. / Nothing much. / About the same. 등으로 말할 수 있다.

▶ 어떻게 지내세요?
How are you doing?
하와유 두잉

▶ 안녕, 어떻게 지내니?
Hi, how are you?
하이 하와유

▶ 안녕하세요?
How are you today?
하와유 투데이

▶ 기분 어떠세요?
How are you feeling?
하와유 휠링

▶ 덕분에 잘 지냅니다. 당신은 어떠세요?
I'm fine, thank you. And you?
아임 화인 쌩큐 앤드 유

▶ 별일 없으세요?
Anything new?
애니씽 뉴

Voca today 오늘 fine 좋은 new 새로운

우리말로 '~하게 보이다'라는 표현을 영어로는 〈You look + 형용사〉라는 문장 형태를 사용하는 경우가 많다. You look great.은 좋아 보인다, You look sad.는 슬퍼 보인다는 뜻이다. look 자리에 seem을 사용하여도 같은 뜻이 되는데, seem은 〈You seem + 형용사〉 형태로도 사용할 수 있고 〈You seem to be + 형용사〉 형태로도 사용할 수 있다.

▶ 좋아 보이네요.
You look great.
유 룩 그뤠잇ㅌ

▶ 전보다 훨씬 좋아 보이네요.
You look better than ever (before).
유 룩 베러 댄 에버 (비포)

▶ 피곤해 보이네요.
You look tired.
유 룩 타이어드

▶ 창백해 보이네요.
You look pale.
유 룩 페일

▶ 기운이 없어 보이네요.
You look depressed.
유 룩 디프레슷ㅌ

▶ 어디 아프세요?
What's the matter with you?
왓츠 더 매러 위듀

Voca great 정말 좋은 tired 피곤한 pale 창백한 depressed 우울한

처음 소개받았을 때는 보통 Nice to meet you.라고 인사한다. nice 대신에 glad, pleased, great, good, honored를 사용할 수 있다. 또한 meet라는 단어 대신 see를 써도 된다. 흔히 It's나 I'm은 생략한다.

Part 1

인사 표현

▶ 처음 뵙겠습니다.

How do you do?

하우 두 유 두

▶ 만나서 반갑습니다.

Nice to meet you.

나이스 투 미츄

▶ 알게 되어 기쁩니다.

I'm glad to know you.

아임 글래드 투 노우 유

▶ 만나 뵙게 되어 대단히 반갑습니다.

I'm very glad to meet you.

아임 베리 글래드 투 미츄

▶ 만나 뵙게 되어 영광입니다.

I'm honored to meet you.

아임 아너드 투 미츄

▶ 제가 오히려 반갑습니다.

The pleasure is mine.

더 플레져 이즈 마인

Voca meet 만나다 glad 기쁜 honored 명예로운, 영광인 pleasure 기쁨

우리말로 표현하면 성(姓)에 해당하는 표현이 영어에서는 family name인데 이를 last name이라고도 한다. 이름은 그냥 name이라 하며 first name, Christian name이라고도 한다. 또한 미국인들은 일상생활에서 애칭(pet name)을 널리 활용하고 있으므로 애칭 표현도 알아둘 필요가 있다.

▶ 이름이 어떻게 되죠?

What's your name?

왓츠 유어 네임

▶ 성함이 어떻게 되십니까?

May I have your name?

메이 아이 해뷰어 네임

▶ 성함을 여쭤 봐도 될까요?

Your name, please.

유어 네임 플리즈

▶ 성은 홍입니다.

My family name is Hong.

마이 훼밀리 네이미스 홍

▶ 그냥 수라고 불러 주세요.

Please just call me Sue.

플리즈 저슷ㅌ 콜 미 수

▶ 이름이 뭐라고 하셨죠?

What is your first name, please?

왓 이즈 유어 훠슷ㅌ 네임 플리즈

Voca name 이름 family name 성 first name 이름

16

Haven't~before?는 '전에 ~하지 않았어?'라는 의미를 나타내고 싶을 때 쓸 수 있는 문형이다. Haven't we met before?는 '우리 전에 만난 적 있지 않나요?'라는 의미인데, 실제로 전에 만났는지 아닌지 기억이 가물가물할 때 확인하기 위해 사용할 수도 있지만, 처음 만나는 이성에게 호감을 나타내며 말을 붙일 때 사용할 수도 있다.

▶ 전에 만난 적 있지 않나요?

Haven't we met before?

해븐ㅌ 위 멧 비훠

▶ 말씀 많이 들었습니다.

I've heard so much(= a lot) about you.

아이브 헐ㄷ 쏘 머춰(= 어 랏) 어바웃 유

▶ 밀러 씨가 당신 이야기를 많이 하더군요.

Mr. Miller often speaks of you.

미스터 밀러 오흔 스픽써브 유

▶ 만나 뵙고 싶었습니다.

I wanted to see you.

아이 원티 투 씨 유

▶ 당신 낯이 익은데요.

You look familiar.

유 룩 훠밀리어

▶ 어디선가 본 듯하군요.

I recognize you from somewhere.

아이 레커그나이쥬 프롬 썸웨어

Voca often 자주 want 원하다 familiar 익숙한 recognize 알아보다, 인식하다

Part 1 인사 표현

Chapter

02 오랜만에 만났을 때

오랜만에 만났을 때 할 수 있는 안부 인사 표현으로서 격식을 차릴 경우에는 I haven't seen you for a while. / It's been a long time.이라고 표현하며, 격식을 차릴 필요가 없는 사이일 경우에는 Long time no see.라는 표현을 사용하면 된다.

DAY 007 **오랜만의 만남일 때**

How have you been doing?(어떻게 지내셨습니까?) / How long has it been?(이게 얼마만입니까?)처럼 안부를 묻는 표현은 주로 현재완료형을 사용한다.

▶ 오랜만입니다.

Long time no see.

롱 타임 노 씨

▶ 오랜만입니다. 그렇죠?

It's been a long time, hasn't it?

잇츠 빈 어 롱 타임 해즌ㅌ 잇

▶ 여전하군요.

You haven't changed at all.

유 해븐ㅌ 체인쥐드 엣 올

▶ 당신 몰라보게 변했군요.

You've changed a lot.

유브 체인쥐드 어 랏

▶ 참 오랜만이군요.

You've been quite a stranger.

유브 빈 콰이러 스트레인저

Voca a long time 오랜 시간 change 변하다 a lot 많이 stranger 낯선 사람

small world는 '좁은 세상'이라는 뜻으로 우연히 만난 상대에게 사용할 수 있는 말이다. 혹은 '기대하다, 예상하다'라는 뜻의 expect를 사용하여 I didn't expect to see you here.라고 표현할 수 있는데 "이곳에서 당신을 보리라고 예상하지 못했어요."라는 뜻을 가진다.

▶ 아니 이게 누구세요!

Look who's here!

룩 후즈 히어

▶ 이게 누구야!

What a pleasant surprise!

와러 플레즌ㅌ 서프라이즈

▶ 세상 정말 좁군요!

What a small world!

와러 스몰 월드

▶ 여기서 당신을 만나다니 뜻밖이군요.

It's a pleasant surprise to see you here.

잇쳐 플레즌ㅌ 서프라이즈 투 씨 유 히어

▶ 여기에 어쩐 일로 오셨어요?

What brings you here?

왓 브링스 유 히어

▶ 우리 전에 만난 적이 있지 않습니까?

We've met before, right?

위브 멭 비훠 롸잇

Voca pleasant 즐거운 small world 좁은 세상 bring 가져오다, 데려오다

DAY 009 상대방의 안부를 물을 때

안부를 물을 때는 보통 여태까지 어떻게 지냈는지를 물어보기 때문에 현재진행형을 많이 사용한다. 의미를 강조하기 위해 '도대체, 세상에'라는 말을 쓸 수 있는데 영어로는 on earth 혹은 in the world로 표현한다. 우리말과 비슷한 의미이니 기억하기 쉬울 것이다.

▶ 어떻게 지내셨습니까?

How have you been (doing)?
하우 해뷰 빈 (두잉)

▶ 어떻게 지내셨습니까?

What have you been up to?
왓 해뷰 빈 업 투

▶ 요즘 어떻게 지내고 계세요?

How have you been getting along lately?
하우 해뷰 빈 게링 얼롱 레잇ㅌ리

▶ 대체 어디서 지내셨어요?

Where in the world have you been?
웨어 인 더 월드 해뷰 빈

▶ 도대체 그동안 어디서 지내셨어요?

Where on earth have you been hiding yourself?
웨어 온 어쓰 해뷰 빈 하이딩 유어쎌ㅎ

Voca get along 살아가다, 지내다 lately 요즘 hide 숨다

가장 간단하게 타인의 안부를 물을 때는 〈How + be동사 + 대상〉의 형태를 사용한다. 예를 들어 How are you?는 "너 어떻게 지내?"라고 상대방의 안부를 묻는 표현이고, How is your mother?는 "어머니는 어떻게 지내시니?"라고 어머니의 안부를 묻는 표현이다. how 뒤에 다양한 대상과 그에 맞는 be동사를 사용해 안부를 물어보자.

▶ 가족들은 안녕하신지요?

How's your family?

하우즈 유어 훼밀리

▶ 가족들은 모두 잘 있습니까?

How's everybody at your house?

하우즈 에브리바디 엣 유어 하우스

▶ 부모님께서는 평안하신지요?

How are your parents?

하 와 유어 페어런츠

▶ 모두들 잘 지내시는지요?

How's everyone getting along?

하우즈 에브리원 게링 얼롱

▶ 존은 어떻게 됐어요?

What happened to John?

왓 해픈 투 존

▶ 그는 어떻게 지내고 있지요?

How's he getting along these days?

하우즈 히 게링 얼롱 디즈 데이즈

Voca everybody 모두 parent 부모님 happen 발생하다 these days 요즘

03 작별의 인사 표현

Good bye. / See you later. / Take care of yourself. / So long. 등은 작별할 때의 인사 표현으로 흔하게 사용하는데 '몸조심하고 잘 지내.'라는 당부의 느낌이 강한 표현이다. 그 밖에도 간단하게 See you again. / See you tomorrow. / See you then. / See you there. / See you around!도 함께 쓰도록 하자.

DAY 011 · 헤어질 때

안녕이라는 인사 외에도 즐거운 시간을 보내라고 인사하며 헤어질 수 있는데 그럴 경우에는 Have a good time. / Have a nice day. 등을 사용한다.

▶ 안녕.

Bye.

바이

▶ 안녕히 가세요.

Good bye.

굳 바이

▶ 그럼, 이만.

So long.

쏘 롱

▶ 안녕히 계세요. / 살펴 가세요.

Take care.

테익 케어

▶ 재미있게 보내!

Enjoy yourself!

인죠이 유어쎌ㅎ

Voca enjoy 즐기다

다시 만날 약속을 할 때

See you를 기본 문형으로 하며 그 뒤에 tomorrow나 later 등의 시기를 덧붙일 수도 있고, 시기를 특정하지 않고 또 보자는 의미로 again을 붙여 이야기할 수도 있다. 혹은 there 등의 장소를 붙여서 다양하게 응용할 수 있다. see 대신 catch를 사용해도 같은 의미가 된다.

▶ 나중에 보자.

Catch you later.

캐취 유 레러러

▶ 내일 봐요.

See you tomorrow.

씨 유 투마로우

▶ 또 만납시다.

See you again.

씨 유 어겐

▶ 또 봅시다!

I'll be seeing you!

아윌 비 씽잉 유

▶ 다음에 뵙겠습니다.

See you later.

씨 유 레이러

▶ 다음에 또 봅시다!

I'll see you later!

아윌 씨 유 레러러

Voca later 나중에 tomorrow 내일 again 또, 다시

DAY 013 안부를 전할 때

상대방에게 자신의 안부를 전해 달라는 가장 기본적인 표현은 Please give my regards to~와 Say hello to~이다. to 뒤에 안부를 전해줄 대상을 말하면 된다. give 대신 send를 사용해도 같은 의미가 된다.

▶ 당신 아내에게 안부 좀 전해 주세요.

Please give my regards to your wife.

플리즈 깁 마이 리가즈 투 유어 와잎ㅎ

▶ 물론 그럴게요.

Sure. I will.

슈어 아이 윌

▶ 당신 가족에게 안부 좀 전해 주세요.

Say hello to your family.

쎄이 헬로 투 유어 훼밀리

▶ 가족에게 안부 좀 전해 주세요.

Please give my regards to your family.

플리즈 깁 마이 리가즈 투 유어 훼밀리

▶ 아무쪼록 가족에게 안부 부탁합니다.

Send my regards to your family.

센드 마이 리가즈 투 유어 훼밀리

▶ 그녀를 늘 생각하고 있다고 전해 주세요.

Tell her I'm thinking of her.

텔 허 아임 씽킹 어브 허

Voca regard 관심, 안부 say hello to ~에게 안부를 전하다

24

014 배웅할 때

배웅할 때는 주로 동사 have나 enjoy를 많이 사용한다는 것을 기억하자. 특히 〈Have + a + nice + 명사〉는 ~을 할 때 즐겁게 시간을 보내라는 가장 대표적인 표현이다. 명사 부분만 바꿔가면서 말하면 된다. Have a nice time.은 "즐거운 시간 보내."라는 뜻이며, nice 자리에 good 등 긍정적인 의미의 형용사를 대신 넣을 수도 있다.

Part 1 인사 표현

▶ 행운이 있으시길!
Good luck!
굿 럭

▶ 즐겁게 다녀오세요.
I hope you'll have a pleasant journey.
아이 호프 유윌 해버 플레즌ㅌ 줘니

▶ 잘 다녀오세요. 멋진 여행이 되길 바랍니다.
Good-bye. I hope you have a nice trip.
굿-바이 아이 호퓨 해버 나이스 트립

▶ 즐거운 여행이 되길.
Enjoy your trip.
인죠이 유어 트립

▶ 빨리 돌아와. 네가 보고 싶을 거야.
Please come back soon. I'll miss you.
플리즈 컴 백 순 아윌 미쓰 유

▶ 안녕히. 재미있게 지내세요.
Good-bye. Have a nice time.
굿-바이 해버 나이스 타임

Voca luck 행운 journey 여행, 여정 trip 여행 miss 그리워하다

자신을 남에게 소개하거나 상대방을 제3자에게 소개할 때 서로 안면이 있는 경우와 전혀 없는 경우의 인사법이나 표현법이 달라지게 마련이다. 자기 자신을 소개할 경우에도 상대방에게 허락을 받고 난 후에 가급적 정중하게 하기 때문에 Allow me to introduce myself. / I'd like to introduce myself. / Let me introduce myself. 같은 표현을 쓴다.

DAY

015 자신을 상대방에게 소개할 때

자신을 소개한다고 해서 대뜸 자신의 이름부터 말하는 것이 아니다. 자신을 소개하겠다고 허락을 구하는 표현들을 잘 익혀 두도록 한다.

▶ 제 소개를 할까요?
May I introduce myself?
메이 아이 인트로듀스 마이쎌ㅎ

▶ 제 소개를 하겠습니다.
I'd like to introduce myself.
아이드 라익 투 인트로듀스 마이쎌ㅎ

▶ 저는 박입니다. 잘 부탁합니다.
I'm Mr. Park. I'm at your service.
아임 미스터 박 아임 엣 유어 서비스

▶ 제 소개를 하도록 하겠습니다.
Perhaps I should introduce myself.
퍼햅스 아이 슈드 인트로듀스 마이쎌ㅎ

▶ 먼저, 제 소개를 하도록 하겠습니다.
First of all, let me introduce myself.
훠숫ㅌ 어브올 렛 미 인트로듀스 마이쎌ㅎ

Voca introduce 소개하다 myself 나 자신 first of all 우선

DAY 016 자신에 대해 구체적으로 소개할 때

I'm 뒤에 자신을 설명하는 문구를 넣어 소개할 수 있다. 〈from + 장소〉로 출신을 설명할 수도 있고, 직업을 넣어 하는 일을 설명할 수도 있다. single(미혼) / married(기혼) 등의 표현으로 결혼 여부를 말할 수도 있다.

▶ 저는 ABC회사에서 일하고 있는 탐 스미스입니다.
I'm Tom Smith from ABC company.
아임 탐 스미스 흐롬 에이비씨 컴퍼니

▶ 안녕하십니까, 제 이름은 홍길동입니다. 저는 한국에서 왔습니다.
Hello, my name's Kil-dong Hong. I'm from Korea.
헬로우 마이 네임즈 길-동 홍 아임 흐롬 코리아

▶ 저는 한국의 서울에서 왔습니다.
I'm from Seoul, Korea.
아임 흐롬 서울 코리아

▶ 저는 미국 시민권자입니다.
I'm a citizen of America.
아임 어 시디즌 어브 어메리카

▶ 저는 한국에서 태어났으나 미국 시민권자입니다.
I was born in Korea. But, I'm a citizen of America.
아이 워즈 본 인 코리아 벗 아임 어 시디즌 어브 어메리카

▶ 저는 귀화한 미국인입니다.
I'm a naturalized American.
아임 어 내츄럴라이즈드 어메리칸

Voca citizen 시민 be born 태어나다 naturalize 귀화하다

27

DAY 017 다른 사람을 소개할 때의 기본 표현

모르는 사람과 만나거나 아는 사람을 다른 사람에게 소개해줄 때의 표현들이다. 소개를 마친 후에는 I hope we become good friends.(서로 좋은 친구가 되었으면 합니다.) 등의 표현으로 서로에 대한 친근감을 나타내고, 헤어질 때는 It was very nice to meet you.(만나서 정말 반가웠습니다.) 등의 표현으로 마무리한다.

▶ 두 분이 서로 인사 나누셨습니까?

Have you met each other?

해뷰 멧 이취 아더

▶ 김 씨, 밀러 씨하고 인사 나누세요.

Mr. Kim, meet Mr. Miller.

미스터 김 밋 미스터 밀러

▶ 이쪽은 제 동료인 토마스 씨입니다.

This is a colleague of mine, Mr. Thomas.

디스 이즈 어 칼리그 어브 마인 미스터 토마스

▶ 제 친구 존슨을 소개하겠습니다.

Let me introduce my friend, Mr. Johnson.

렛 미 인트로듀스 마이 프렌드, 미스터 존슨

▶ 존슨이 당신에 대해 자주 말씀하셨습니다.

Mr. Johnson often speaks of you.

미스터 존슨 오흔 스픽스 어뷰

▶ 오래전부터 한번 찾아뵙고 싶었습니다.

I've been wanting to see you for a long time.

아이브 빈 원닝 투 씨 유 훠러 롱 타임

Voca each other 서로 colleague 동료 mine 나의 것

잘 모르는 상대에게 물을 때에는 좀 더 정중한 표현을 사용하는 경우도 있다. 예를 들어 이름을 물을 때에 What's your name?이라고 묻는 것이 보통이지만, May I have your name? 혹은 What should I call you? 등으로 좀 더 정중하게 물을 수도 있다.

▶ 어디서 오셨습니까?
Where are you from?
웨어 아 유 흐롬

▶ 국적이 어디시죠?
What's your nationality?
왓츠 유어 내셔낼러티

▶ 일본에서 오셨습니까?
Are you from Japan?
아 유 흐롬 저팬

▶ 당신은 한국인입니까?
Are you Korean?
아 유 코리안

▶ 이름이 어떻게 되십니까?
What's your name, please?
왓츠 유어 네임 플리즈

▶ 당신 친구의 이름은 무엇입니까?
What's your friend's name?
왓츠 유어 프렌스 네임

Voca nationality 국적 Korean 한국인

Part 1

인사 표현

감사의 표현

상대방의 선물이나 도움 등에 감사할 경우 Thank you very much. / Thanks.라고 하면 된다. 이에는 You're welcome. / Not at all. / Don't mention it. / My pleasure.라고 대답한다. 감사 표현에 사용되는 문장으로 Thank you for~와 I appreciate~ 등이 있지만 그밖에 You're so kind.(친절하시군요.) / I'm very grateful.(고맙습니다.) / I owe you one.(신세를 졌군요.) 등도 활용한다.

DAY 019 고마울 때

Thank you for~라는 문형에 감사할 이유를 덧붙여 주면 된다. 가령, calling(전화), coming(방문), inviting(초대), helping(도움), trouble(수고), compliment(칭찬) 따위가 활용된다.

▶ 감사합니다.
Thank you.
쌩큐

▶ 대단히 감사합니다.
Thanks a lot.
쌩쓰 어 랏

▶ 진심으로 감사드립니다.
I heartily thank you.
아이 하딜리 쌩큐

▶ 여러모로 감사드립니다.
Thank you for everything.
쌩큐 풔 에브리씽

▶ 어떻게 감사를 드려야 할지 모르겠어요.
I don't know how I can ever thank you.
아이 돈 노우 하우 아이 캔 에버 쌩큐

Voca heartily 실컷, 진심으로, 대단히 everything 모든 것

역시 〈Thank you for + 감사하는 이유〉 문형을 활용한다. for는 전치사이므로 뒤에 명사나 그에 해당하는 품사가 와야 한다. 친절에 감사하다는 표현은 Thank you for your kindness가 된다. "당신 정말 친절하시군요."라고 말하려면 It's very kind of you.라고 하면 된다.

Part 1 인사 표현

▶ 환대에 감사드립니다.

Thank you for your hospitality.

쌩큐 훠 유어 하스피탤리디

▶ 친절을 베풀어 주셔서 감사합니다.

Thank you for your kindness.

쌩큐 포 유어 카인드니스

▶ 그렇게 말씀해 주시니 고맙습니다.

How nice of you to say so.

하우 나이스 어뷰 투 쎄이 쏘

▶ 친절에 감사드립니다.

It's very kind of you.

잇츠 베리 카인드 어뷰

▶ 당신은 정말 사려 깊으시군요!

How thoughtful of you!

하우 쏘트훌 어뷰

▶ 당신에게 신세가 많았습니다.

I owe you so much.

아이 오 유 쏘 머취

Voca   hospitality 환대, 후대   kindness 친절   thoughtful 사려 깊은   owe 빚을 지다

도움이나 행동에 대해 감사할 때

Thank you for the tip.은 Thank you for your advice.와 동일한 표현으로 사용될 수 있다. tip은 '조언'이라는 의미로 쓰일 때 advice와 같은 의미로 서로 바꾸어 쓸 수 있다. 그 외에도 '끝'이라는 의미가 있으며, 우리에게 가장 흔하게 쓰이는 뜻은 식당이나 호텔 등에서 서비스를 이용하고 직원들에게 내는 '봉사료'이다.

▶ 도와주셔서 감사드립니다.

Thank you very much for helping me.
쌩큐 베리 머취 훠 헬핑 미

▶ 도와주셔서 감사합니다.

Thank you for your help.
쌩큐 훠 유어 헬프

▶ 가르쳐 줘서 감사합니다.

Thank you for the tip.
쌩큐 훠 더 팁

▶ 태워다 주셔서 감사합니다.

Thank you for giving me a lift.
쌩큐 훠 기빙 미 어 리훗ㅌ

▶ 여러모로 고려해 주셔서 정말 고맙게 생각합니다.

I appreciate your consideration.
아이 어프리시에잇ㅌ 유어 컨시더뤠이션

▶ 보답해 드릴 수 있으면 좋겠어요.

I hope I can repay you for it.
아이 홒 아이 캔 리페이 유 훠릿

Voca give~a lift ~을 태워다 주다 appreciate 감사하다 consideration 사려

전화기를 건네주거나 선물을 건네줄 때 It's for you.라고 표현하며, 생일 선물을 주면서 Here's your birthday gift.라고 말을 건네기도 한다. gift는 '선물'이라는 의미로 present로 바꾸어 쓸 수 있다. 두 단어를 비교하자면 gift가 present를 포함한다고 할 수 있다. 둘 다 마음을 담아 주는 선물을 의미하지만, 무료 증정품 등을 표현할 때는 present를 사용할 수 없고 gift만 가능하다.

▶ 자, 선물 받으세요.

Here's something for you.

히얼즈 썸씽 훠 유

▶ 당신에게 드리려고 뭘 사 왔어요.

I bought something for you.

아이 밧ㅌ 썸씽 훠 유

▶ 당신에게 줄 조그만 선물입니다.

I have a small gift for you.

아이 해버 스몰 기훗트 훠 유

▶ 이 선물은 제가 직접 만든 거예요.

This gift is something I made myself.

디스 기훗티즈 썸씽 아이 메이드 마이쎌ㅎ

▶ 대단치 않지만 마음에 들었으면 합니다.

It isn't much but I hope you like it.

잇 이즌 머취 벗 아이 호퓨 라이킷

▶ 보잘것없는 것이지만 받아 주십시오.

Kindly accept this little trifle.

카인들리 억쎕ㅌ 디스 리틀 트라이흘

Voca　gift 선물　accept 수락하다, 받다　trifle 사소한 것

Part 1　인사 표현

DAY 023 감사의 선물을 받았을 때

고맙다는 인사는 Thank you for 뒤에 고마운 내용을 표현하므로 선물이 고맙다고 할 때는 Thank you for your present.라고 한다. present는 '선물'이라는 의미로 많이 쓰이지만, '현재' 혹은 '참석한'이라는 의미도 가지고 있는 중요한 단어이다.

▶ 놀랐어요! 고맙습니다.

What a nice surprise! Thank you very much.

와러 나이스 서프라이즈 쌩큐 베리 머취

▶ 멋진 선물 고맙습니다. 열어 봐도 될까요?

Thanks for your nice present. May I open it?

쌩즈 훠 유어 나이스 프레즌트 메이 아이 오프닛

▶ 이건 바로 제가 갖고 싶었던 거예요.

This is just what I wanted.

디스 이즈 저슷트 와라이 원티드

▶ 당신의 선물을 무엇으로 보답하죠?

What shall I give you in return for your present?

왓 쉘 아이 깁 유 인 리턴 훠유 프레즌트

▶ 훌륭한 선물을 주셔서 대단히 고맙습니다.

Thank you very much for your nice present.

쌩큐 베리 머취 훠 유어 나이스 프레즌트

▶ 고마워요. 이렇게까지 안 하셔도 되는데.

Thank you, but you shouldn't have (done that).

쌩큐 벗 유 슈든트 햅 (던 댓)

Voca present 선물 return 돌려주다

DAY 024 감사에 대해 응답할 때

Thanks.와 Thanks a lot.에 대응하는 표현으로는 '천만에, 괜찮아.'의 뜻으로 사용되는 Not at all. / You're welcome. / That's all right. / That's OK. 등이 있다. '별것 아니에요, 아무것도 아니에요.'의 뜻을 가진 No big deal. / It's nothing. 역시 사용 가능하다.

▶ 천만에요.
You're welcome.
유어 웰컴

▶ 천만에요.(강조)
You're more than welcome.
유어 모어 댄 웰컴

▶ 원 별말씀을요. / 천만의 말씀입니다.
Don't mention it.
돈ㅌ 멘셔닛

▶ 그렇게 말씀해 주시니 고맙습니다.
It's very nice of you to say so.
잇츠 베리 나이스 어뷰 투 쎄이 쏘

▶ 제가 오히려 고맙죠.
It was my pleasure.
잇 워즈 마이 플레져

▶ 제가 오히려 즐거웠습니다.
The pleasure's all mine.
더 플레져즈 올 마인

Voca more than ~보다 더

Part 1 인사 표현

일반적으로 용서나 사과의 표현에 Excuse me. / I'm sorry. 등과 같은 표현으로 끝낼 수도 있지만 보다 정중한 표현은 I beg your pardon. / Pardon me.가 적당하다. 가령, I didn't mean it. / It's my fault.처럼 부가표현을 사용해도 무방할 것이다. 그러나 Pardon me? / Excuse me? / I beg your pardon? 등과 같은 문장은 어투나 어조에 따라 '다시 한 번 말해 줄래요?'라는 뜻으로도 활용된다.

DAY 025 미안함을 표시할 때

대단히 미안하다고 강조할 때 sorry 앞에 very를 사용하는데, very 대신에 really, terribly, awfully 등을 써도 똑같은 뉘앙스를 풍긴다.

▶ 실례합니다. / 미안합니다.
Excuse me.
익스큐즈 미

▶ 미안합니다.
I'm sorry.
아임 쏘리

▶ 정말 죄송합니다.
I'm really sorry.
아임 륄리 쏘리

▶ 대단히 죄송합니다.
I'm very sorry.
아임 베리 쏘리

▶ 저 죄송합니다만,
I'm sorry to trouble you, but~
아임 쏘리 투 트러블류 벗

Voca excuse 양해하다

DAY 026 실례한다고 말할 때

실례한다며 양해를 구할 때 사용하는 말은 Excuse me.이다. 그 뒤에 묻고 싶은 말을 덧붙인다. excuse는 '실례하다, 양해하다'라는 뜻 외에도 '변명, 변명하다'라는 의미를 가지고 있다. Don't make excuses.라고 하면 '변명하지 마!'라는 뜻이 된다.

▶ 실례지만 미국분입니까?

Excuse me, but are you from the United States?

익스큐즈 미 벗 아 유 흐롬 디 유나이티드 스테잇ㅊ

▶ 실례지만 지나가도 될까요?

Excuse me, please. May I get through?

익스큐즈 미 플리즈 메이 아이 겟 쓰루

▶ 말씀 중에 실례지만,

Excuse me for interrupting you, but~

익스큐즈 미 포 인터럽팅 유 벗

▶ 실례지만 성함을 여쭤도 될까요?

Excuse me, but may I have your name?

익스큐즈 미 벗 메이 아이 해뷰어 네임

▶ 잠시 실례하겠습니다. 금방 돌아오겠습니다.

Excuse me for just a moment. I'll be back soon.

익스큐즈 미 훠 저슷터 모먼트 아윌 비 백 순

Voca get through 통과하다 interrupt 방해하다

I am sorry 뒤에 사과의 이유를 말할 때는 〈to + 동사〉 혹은 〈for/about + (동)명사〉 형태를 사용한다. I'm sorry to disturb you.는 '당신을 방해해서 미안합니다.'이고, I'm sorry for being late.은 '늦어서 미안합니다.'이다.

▶ 늦어서 미안합니다.
I'm sorry for being late.
아임 쏘리 풔 빙 레잇ㅌ

▶ 실례했습니다. 사람을 잘못 봤습니다.
Excuse me. I got the wrong person.
익스큐즈 미 아이 갓 더 롱 퍼슨

▶ 그 일에 대해서 미안하게 생각하고 있습니다.
I feel sorry about it.
아이 퓔 쏘리 어바우릿

▶ 그 점에 대해서 미안합니다.
I'm sorry about that.
아임 쏘리 어바웃 댓

▶ 귀찮게 해서 미안합니다.
I'm sorry to have to trouble you.
아임 쏘리 투 햅 투 트러블류

▶ 오래 기다리게 해서 미안합니다.
I'm sorry to make you wait so long.
아임 쏘리 투 메익 유 웨잇 쏘 롱

Voca late 늦은 wrong 틀린 trouble 문제 wait 기다리다

DAY 028

실수를 했을 때

굿 윌 헌팅이라는 유명한 할리우드 영화가 있다. 그 영화에서 가장 유명한 대사는 상처받고 살아가는 주인공에게 스승이 건네는 말인 It's not your fault.(너의 잘못이 아니야.)이다. fault는 여기서 '잘못'이라는 의미로 사용되었다. 실수나 잘못을 가리키는 말은 fault, mistake 등이 있다. 실수나 잘못을 했을 때 이 단어들을 적절히 사용하여 실수를 사과하는 말을 하자.

▶ 제가 실수를 했습니다.

I made a mistake.

아이 메이더 미스테익ㅋ

▶ 그것은 저희의 잘못이었습니다.

It was our fault.

잇 워즈 아우어 훨ㅌ

▶ 실수에 대해 사과드립니다.

I apologize for the mistake.

아이 어팔러자이즈 훠 더 미스테익ㅋ

▶ 미안해요, 어쩔 수가 없었어요.

I'm sorry, I couldn't help it.

아임 쏘리 아이 쿠든ㅌ 헬핏ㅌ

▶ 미안합니다. 제가 날짜를 혼동했군요.

I'm sorry, I mixed up the days.

아임 쏘리 아이 믹스덥 더 데이즈

▶ 미안합니다. 괜찮으세요?

I'm sorry. Are you all right?

아임 쏘리. 아 유 올 롸잇

Voca mistake 실수 fault 잘못 cannot help ~않을 수 없다

DAY 029 잘못을 인정할 때

명사에 접미사 less를 붙이면 '~이 없는'이라는 의미의 형용사가 된다.
thoughtless는 '생각이 없는', 즉 '무심한, 경솔한'이라는 의미가 되고
careless는 '주의가 없는', 즉 '부주의한'이라는 의미가 된다. useless는
'쓸모가 없는'이라는 뜻이다.

▶ 내가 말을 잘못했습니다.

It was a slip of the tongue.

잇 워즈 어 슬립 어브 더 텅

▶ 내 잘못이었어요.

It was my fault.

잇 워즈 마이 훨ㅌ

▶ 그건 제가 생각이 부족했기 때문이에요.

That was thoughtless of me.

댓 워즈 써들러스 업 미

▶ 제 부주의였습니다.

It was very careless of me.

잇 워즈 베리 케어러스 업 미

▶ 진심이 아닙니다.

I didn't mean it at all.

아이 디든ㅌ 미닛 엣 올

▶ 단지 제 탓이죠.

I can only blame myself.

아이 캔 온리 블레임 마이쎌ㅎ

Voca a slip of the tongue 말실수 thoughtless 무심한 careless 부주의한

40

pardon은 '용서하다, 사면하다'라는 의미로 Pardon me.는 "용서해 주세요."라는 뜻이다. 하지만 이것은 끝을 내려서 말해야 하는 것이고, 만일 끝을 올리면서 Pardon me?라고 말하면 "다시 말씀해 주시겠어요?"라는 의미이므로 억양에 주의해야 한다. Pardon me?는 I beg your pardon?과 같다.

▶ 용서해 주십시오.
Please forgive me.
플리즈 풔깁 미

▶ 용서해 주세요.
Pardon me.
파든 미

▶ 저의 사과를 받아 주세요.
Please accept my apology.
플리즈 억셉ㅌ 마이 어팔러지

▶ 다시는 그런 일이 없을 겁니다.
It won't happen again.
잇 원ㅌ 해픈 어겐

▶ 늦어서 죄송합니다.
Please forgive me for being late.
플리즈 풔깁 미 풔 빙 레잇ㅌ

▶ 한 번 봐 주십시오.
Cut me some slack this time.
컷 미 썸 슬랙 디스 타임

Voca forgive 용서하다 apology 사과 cut~some slack ~을 덜 몰아붙이다

All right. Apology accepted.(좋아요, 받아들이죠.) / You did the right thing.(당신은 잘못한 게 없어요.) / Everyone makes mistakes.(누구나 실수할 수 있어요.) 등의 표현도 사과의 말에 괜찮다고 응답하는 말임을 함께 기억해 두자.

▶ 괜찮습니다.
That's all right.
댓츠 올 롸잇

▶ 괜찮아요.
That's O.K.
댓츠 오케이

▶ 걱정하지 마세요.
Don't worry about it.
돈 워리 어바우릿

▶ 그까짓 것 문제 될 것 없습니다.
No problem.
노 프라블럼

▶ 뭘요, 괜찮습니다. / 힘들지 않아요.
No sweat.
노 스웻ㅌ

▶ 당신을 용서하겠어요.
You're forgiven.
유어 풔기븐

Voca worry 걱정하다 problem 문제 sweat 땀, 수고

Chapter 07 축하와 환영의 표현

축하의 표현은 대개 Congratulations!로 통한다. 복수형으로 쓰여 뒤에 -s가 붙는다는 사실을 유념하여 사용하도록 한다. '잘됐다!'라고 말할 때는 Good for you! 라고 간단하게 말할 수 있다.

DAY 032 축하할 때

구체적인 내용을 축하할 때는 Congratulations on (your)~로 표현한다. marriage(결혼), promotion(승진), admission(입학), graduation(졸업) 등을 축하할 때 쓰는 표현이다.

▶ 축하할 일이 생겼다면서요.

I hear congratulations are in order.
아이 히어 컨그래츄레이션스 아 인 오더

▶ 해냈군요! 축하합니다.

You made it! Congratulations.
유 메이딧 컨그래츄레이션스

▶ 승진을 축하합니다!

Congratulations on your promotion!
컨그래츄레이션스 온 유어 프로모션

▶ 생일을 축하합니다!

Happy birthday to you!
해피 벌쓰데이 투 유

▶ 놀랐지? 생일 축하해!

Surprised? Happy birthday!
서프라이즈드 해피 벌쓰데이

Voca congratulation 축하 make it 성공하다 promotion 승진

각종 기념일에 따라 간단히 축복을 기원하는 인사들을 함께 기억해 두자. Merry Christmas.(크리스마스) / Happy New Year.(새해) / Happy Easter.(부활절) / Happy Valentine's Day.(밸런타인데이) 등이 있다.

▶ 새해 복 많이 받으세요!

Happy New Year!

해피 뉴 이어

▶ 새해에는 모든 행운이 깃들기를!

All the best for the New Year!

올 더 베숫 훠 더 뉴 이어

▶ 만수무강하십시오!

Many happy returns!

매니 해피 리턴즈

▶ 더 나은 해가 되길 바랍니다.

I hope you'll have a better year.

아이 홉 유월 해버 베러 이어

▶ 당신에게 신의 축복이 있기를!

God bless you!

갓 블레스 유

▶ 모든 일이 잘되기를 바라요.

I hope everything will come out all right.

아이 홉 에브리씽 윌 컴 아웃 올 롸잇

Voca   bless 축복을 빌다

Welcome to 뒤에 장소를 붙이면 간단하게 환영인사를 만들 수 있다.
Welcome to Korea.는 "한국에 온 것을 환영해요."이며 Welcome to
my home.은 "우리 집에 온 것을 환영해요."이다. welcome 뒤에 명사
가 아닌 부사가 나오면 to가 없어야 한다. welcome 뒤에 home이 단독
으로 온다면 Welcome to home.이 아니라 Welcome home.이 된다.

Part 1

인사 표현

▶ 정말 환영합니다.
You're quite welcome.
유어 콰잇ㅌ 웰컴

▶ 서울에 오신 것을 환영합니다.
Welcome to Seoul.
웰컴 투 서울

▶ 같이 일하게 되어 반갑습니다.
Glad to have you with us.
글래 투 해뷰 위더스

▶ 저희 집에 오신 것을 환영합니다.
Welcome to my home.
웰컴 투 마이 홈

▶ 한국에 오신 것을 환영합니다.
Welcome to Korea.
웰컴 투 코리아

▶ 이곳이 마음에 들기를 바랍니다.
I hope you'll like it here.
아이 홉 유윌 라이킷 히어

Voca quite 꽤, 상당히 welcome 환영하다

해외에서 많이 볼 수 있는 제스처

OK!

GOOD!

아뿔싸!

NO!

나가!

아무것도
없어요!

화술 표현

자신의 의사를 표출할 경우에 상대방이 누구인
지 아니면 어떤 상황에 처해 있는지에 따라 대화
가 달라진다. 따라서 상대방을 배려하거나 예의
를 갖추는 것이 무엇보다도 중요하다.

사람을 부를 때

　　　Hi!나 Hello!는 인사말로도 사용되지만 Excuse me. / Pardon me. / Hi, there! / Look here. / Just a moment. 따위와 같이 모르는 사람을 부를 때 쓸 수 있는 표현이다. 일상적으로 Excuse me?는 What for? / What did you say?(뭐라고요?)라는 뜻으로도 쓰이며, 또한 Pardon me!(실례합니다. / 용서해 주세요. / 다시 한 번 말씀해 주세요.)라는 의미로도 활용된다.

DAY 035 **사람을 부를 때**

Hello!가 인사 외에도 사람을 부를 때 사용되는 말임을 기억해 두면 좋다. Hey!와 같은 용도로 사용된다.

▶ 여보세요?
Hello.
헬로우

▶ 저기요!
Hey there!
헤이 데어

▶ 어이, 친구!
Hey, buddy!
헤이 버디

▶ 잠깐만요!
Hello, stranger!
헬로우 스트레인져

▶ 이봐!
Hey!
헤이

Voca　buddy 친구

모르는 사람을 부를 때

Excuse me 뒤에 남성에게 말을 걸 때는 sir를, 여성에게 말을 걸 때는 ma'am을 붙여서 부른다. sir는 이름을 모르는 남자를 부르는 경칭으로 사용되는 것 외에 영국에서 준남작이나 기사직을 가지고 있는 남성에게 '~경'이라고 부를 때도 사용된다.

▶ 여보세요.

Excuse me.
익스큐즈 미

▶ 저, 여보세요.

Excuse me, sir.
익스큐즈 미 썰

▶ 저, 여보세요.

Excuse me, ma'am.
익스큐스 미 맴

▶ 저기요.

Say.
쎄이

▶ 이봐.

Listen.
리쓴

▶ 저기.

Look.
룩

Voca sir 남자를 부르는 경칭 ma'am 여자를 부르는 경칭

가족을 부를 때는 공식적 표현보다는 구어적 표현을 많이 사용한다. father(아버지)는 구어적으로 papa, daddy, dad를, mother(어머니)는 구어적으로 mama, mom, mommy를 사용한다. grandmother는 구어로 grandma, granny라고 표현한다.

▶ 아빠!
Daddy!
대디

▶ 엄마!
Mommy!
마미

▶ 할아버지!
Grandpa!
그랜파

▶ 할머니!
Grandma!
그랜마

▶ 의사 선생님!
Doctor!
닥터

▶ 교수님!
Professor!
프로훼써

Voca doctor 의사 professor 교수

DAY 038 말문을 틀 때

남성을 부를 때는 앞에 Mr.를, 기혼 여성을 부를 때는 Mrs.를, 미혼 여성을 부를 때는 Miss를 이름 앞에 붙인다. 요새는 여성도 결혼 여부를 구분하지 않고 Ms.를 붙여 부르는 추세이다. 부부를 함께 지칭할 때는 두 사람이 성이 같으므로 성 앞에 Mr. and Mrs.를 붙여서 말한다.

▶ 신사 숙녀 여러분!

Ladies and gentlemen!

레이디스 앤 젠틀맨

▶ 여러분!

Everyone. / You all.

에브리원 / 유 올

▶ 피터 씨.

Mr. Peter.

미스터 피터

▶ 피터 부인.

Mrs. Peter.

미씨즈 피터

▶ 헬렌 양.

Miss Helen.

미쓰 헬렌

Part 2 회화 표현

Voca lady 숙녀 gentleman 신사

51

시간을 내달라고 요청할 때는 Do you have a few minutes to spare? / Can you spare me a couple of minutes? / I want to speak to you for a moment. / Can I talk to you for a minute? 등 시간을 나타내는 표현 moment나 minute를 적절하게 사용하여 말할 수 있다.

▶ 실례합니다만,
Excuse me, but~
익스큐즈 미 벗

▶ 이야기 좀 할 수 있을까요?
Can I have a word with you?
캔 아이 해버 워드 위듀

▶ 말씀드릴 게 좀 있습니다.
I need to tell you something.
아이 니 투 텔 유 썸씽

▶ 드릴 말씀이 있는데요.
I tell you what.
아이 텔 유 왓

▶ 잠깐 이야기를 나누고 싶은데요.
I'd like to have a word with you.
아이드 라익 투 해버 워드 위듀

▶ 당신에게 할 이야기가 좀 있습니다.
I have something to tell you.
아이 햅 썸씽 투 텔 유

Voca have a word 잠깐 이야기를 하다 tell 말하다

DAY 040   대화 도중에 말을 꺼낼 때

상대의 말 중간에 끼어들 때는 대화를 방해하는 것이기 때문에 동사 interrupt를 사용한다. interrupt는 '방해하다, 중단시키다'라는 의미이다. 접두사 inter는 '~사이에, ~간에'라는 뜻으로, inter가 앞에 붙은 단어를 볼 때 연상하면 공부하기 좋다. interrupt 역시 사이에 끼어들었기 때문에 '방해하다'라는 의미가 된 것이다.

▶ 말씀 중에 잠깐 실례를 해도 될까요?

May I interrupt you?

메이 아이 인터럽튜

▶ 말씀 도중에 죄송합니다만,

Sorry to interrupt, but~

쏘리 투 인터럽ㅌ 벗

▶ 잭, 저와 이야기 좀 할 수 있을까요?

Jack, can I talk with you?

잭 캔 아이 톡 위듀

▶ 말씀드릴 게 있는데요.

I'd like to have a word with you.

아이드 라익 투 해버 월 위듀

▶ 오래 걸리지 않습니다.

I won't keep you long.

아이 원ㅌ 킵 유 롱

Part 2

회화 표현

Voca   talk with ~와 이야기를 하다

May I help you? / Can I help you?는 '무엇을 도와드릴까요?'라는 의미로, 가게에서 점원이 손님을 응대하거나 공항이나 호텔 등의 카운터에서 직원이 자신에게 문의하러 온 손님에게 건네는 말로 자주 사용된다. 물론 가까운 사이에서도 사용할 수 있다.

▶ 무슨 이야기를 하고 싶으세요?

What do you want to tell me?

왓 두 유 원투 텔 미

▶ 제가 도와드릴 게 있나요?

Is there anything I can do for you?

이즈 데어 애니씽 아이 캔 두 훠 유

▶ 나한테 뭔가 이야기하고 싶으세요?

Do you want to talk to me about anything?

두 유 원투 톡 투 미 어바웃 애니씽

▶ 무슨 말을 하고 싶으신 거죠?

What would you like to say?

왓 우쥬 라익투 쎄이

▶ 무엇을 도와드릴까요?

Can I help you?

캔 아이 헬퓨

▶ 난처하신 것 같은데, 제가 할 수 있는 일이 있습니까?

You look lost. Can I help you?

유 룩 로슷ㅌ 캔 아이 헬ㅍ 유

Voca lost 길을 잃은, 어떻게 할 줄을 모르는

모르는 사람에게 말을 건넬 때

미국인들은 모르는 사람에게 말을 건네는 것을 이상하게 생각하지 않는다. 때로는 날씨나 경치 등으로 운을 띄우기도 하는데, What a nice view, isn't it?(경치가 참 좋네요, 그렇죠?) / Nice day, isn't it?(날씨가 참 좋네요, 그렇죠?) 등 부가의문문을 사용하여 말을 걸 수 있다. 부가의문문 대신 huh? 혹은 right?을 사용하는 것이 더욱 구어적이다.

▶ 여기는 처음이십니까?

Are you new here?
아 유 뉴 히어

▶ 영어로 말할 줄 아세요?

Do you speak English?
두 유 스픽ㅋ 잉글리시

▶ 한국어는 어떠세요?

How about Korean?
하우 어바웃 코리언

▶ 이 자리에 누구 있습니까?

Is this seat taken?
이즈 디스 씻 테이큰

▶ 멀리 가십니까?

Are you going far?
아 유 고잉 화

▶ 신문 보시겠습니까?

Would you like to see the newspaper?
우쥬 라익투 씨 더 뉴스페이퍼

Voca seat 자리 far 멀리 newspaper 신문

항상 부탁을 하거나 질문을 하기 전에는 양해를 구하는 것이 예법인데 가령 Can I ask you a favor?(부탁) / Could you help me?(도움) / May I ask a question?(질문) 등과 같이 상대방에게 정중하게 의사타진을 하는 것이 필요하다.

DAY
043 질문을 할 때

대뜸 먼저 궁금한 내용을 질문하는 것이 아니라 먼저 운을 띄워 질문하겠다고 양해를 구하는 것이 좋다.

▶ 질문 하나 있습니다.

I have a question.

아이 해버 퀘스쳔

▶ 질문 하나 해도 될까요?

May I ask you a question?

메이 아이 애슥큐 어 퀘스쳔

▶ 사적인 질문을 하나 해도 되겠습니까?

May I ask you a personal question?

메이 아이 애슥큐 어 퍼스널 퀘스쳔

▶ (물어볼 게) 하나 더 있습니다.

There's one more thing.

데얼스 원 모어 씽

▶ 구체적인 질문 몇 가지를 드리겠습니다.

Let me ask you some specific questions.

렛 미 애슥큐 썸 스퍼써픽 퀘스쳔스

Voca question 질문 personal 개인적인 ask 묻다 specific 구체적인

질문을 가리키는 대표적인 단어는 question이다. '문제' 등의 의미도 있으며 '질문하다, 의문을 갖다'라는 동사로 사용되기도 한다. question은 [퀘]에 강세를 두고 [쿠웨스쳔]의 느낌으로 발음한다.

▶ 질문 없으세요?

No questions?

노 퀘스쳔스

▶ 질문 있습니까?

Do you have any questions?

두 유 햅 애니 퀘스쳔ㅅ

▶ 또 다른 질문을 받겠습니다.

I'll take another question.

아윌 테익 어나더 퀘스쳔

▶ 다음 질문 하세요.

Give me the next question.

깁 미 더 넥슷ㅌ 퀘스쳔

▶ 질문 있으면 손을 드세요.

Raise your hand if you have any questions.

레이쥬어 핸드 이퓨 햅 애니 퀘스쳔ㅅ

▶ 여기까지 다른 질문은 없습니까?

Does anyone have any questions so far?

더즈 애니원 햅 애니 퀘스쳔 쏘 화

Part 2

화술 표현

Voca another 또 다른 next 다음 raise 올리다

Good question.은 질문에 대한 답을 쉽게 하기 어려울 때 난감함을 표현하는 말이기도 하다. 아예 대답을 거부하고 싶을 때에는 No comment.(말하지 않겠습니다.) / I cannot tell you why.(이유를 말씀드릴 수 없습니다.) 등의 표현을 사용할 수 있다.

▶ 좋은 질문입니다.
Good question.
굳 퀘스쳔

▶ 더 이상 묻지 마세요.
No more questions.
노 모어 퀘스쳔ㅅ

▶ 당신에게 설명을 해야 할 의무는 없습니다.
I don't owe you an explanation.
아이 돈ㅌ 오 유 어닉스플러네이션

▶ 뭐라고 대답해야 좋을지 모르겠습니다.
I don't know how to answer.
아이 돈ㅌ 노우 하우 투 앤써

▶ 저는 모르겠습니다.
I don't know.
아이 돈ㅌ 노우

▶ 모르기는 저도 마찬가지입니다.
Your guess is as good as mine.
유어 게스 이즈 애즈 굳 애즈 마인

Voca explanation 설명 answer 대답하다 as good as ~와 다름없는

58

explain은 '설명하다'라는 의미이며, 명사형은 explanation이다. 비슷한 의미의 말로는 '묘사하다, 서술하다'라는 의미를 가진 describe가 있다. Try to describe exactly what happened.는 "정확히 무슨 일이 일어났는지 자세히 설명해 보세요."라는 표현이다.

▶ ~에 대해 좀 더 설명해 주시겠습니까?

Could you explain further about~?

쿠쥬 익스플레인 훨더 어바웃

▶ 다시 한 번 설명해 주시겠어요?

Could you explain it again?

쿠쥬 익스플레이닛 어겐

▶ 더 쉬운 말로 다시 말씀해 주시겠어요?

Could you please say that again in simpler language?

쿠쥬 플리즈 쎄이 댓 어게닌 씸플러 랭귀지

▶ 다른 말로 설명해 주시겠어요?

Could you say it another way?

쿠쥬 쎄이 잇 어나더 웨이

▶ 다른 말로 다시 설명해 주시겠어요?

Would you please say it with other words?

우쥬 플리즈 쎄이잇 윗 아더 월즈

▶ 좀 더 상세히 설명해 주시겠어요?

Could you be more specific?

쿠드 유 비 모어 스퍼씨휙

Voca explain 설명하다 simple 간단한 way 방법

설명할 때는 That's the way it goes.(그건 이렇게 하는 거예요.) / Well, let me put it this way.(음, 그러니까 이런 거예요.) 등의 표현을 사용할 수 있다. 마지막에 "알겠어요?"라며 되물을 때는 You see?라고 덧붙일 수 있다.

▶ 말로는 다 설명할 수 없어요.

It is beyond description.

잇 이즈 비욘드 디스크립션

▶ 말로는 표현하기 힘들어요.

It's hard for me to put into words.

잇츠 할 훠 미 투 풋 인투 워즈

▶ 어떻게 설명해야 할지 모르겠군요.

I don't know how to put it.

아이 돈트 노우 하우 투 푸릿

▶ 그밖에 달리 설명할 방법이 없어요.

I can't explain it in any other way.

아이 캔트 익스플레이닛 인 애니 아더 웨이

▶ 그래서 그런 겁니다.

That's why.

댓츠 와이

▶ 말하자면 길어요.

It's a long story.

잇쳐 롱 스토리

Voca beyond ~너머 description 묘사, 서술 put into words 말로 옮기다

DAY 048 되물을 때

Excuse me.는 "실례합니다."라는 의미지만, 끝을 올려 Excuse me?라고 하면 무슨 말인지 되물을 때 사용할 수 있다. 이는 Pardon me.와 비슷한데, Day 30에서 설명하였던 것과 같이 Pardon me.라고 끝을 내려 읽으면 "용서해 주세요."이고, Pardon me?라고 올려 읽으면 "한 번 더 말씀해 주시겠어요?"가 된다. 억양에 따라 뜻이 바뀌는 대표적인 문장들이니 기억해 두자.

▶ 뭐라고요?
Excuse me?
익스큐즈 미

▶ 뭐라고?
What?
왓

▶ 뭐라고 했지?
You said what?
유 쌔드 왓

▶ 방금 뭐라고 말씀하셨죠?
What did you say just now?
왓 디쥬 쎄이 저숫ㅌ 나우

▶ 맞습니까?
Is that right?
이즈 댓 롸잇

▶ 그렇습니까?
Is that so?
이즈 댓 쏘

Voca said say(말하다)의 과거형 just now 방금

Part 2 회화 표현

DAY 049 다시 한 번 말해 달라고 할 때

상대방의 말을 잘 알아듣지 못했을 경우에는 Sorry, I don't quite get you. / I can't follow you. / I couldn't make that out. 따위와 같이 표현할 수 있으며, 상대방의 말을 반문하거나 재확인하는 어투에는 I beg your pardon? / Pardon me? / Could you say that again? 등과 같은 표현을 흔히 사용한다.

▶ 다시 말씀해 주시겠어요?

I beg your pardon?

아이 베규어 파든

▶ 다시 한 번 말씀해 주십시오.

Please say that again.

플리즈 쎄이 댓 어겐

▶ 천천히 말씀해 주시겠어요?

Could you possibly slow down a bit?

큐쥬 파써블리 슬로 다우너 빗

▶ 더 분명하게 말씀해 주시겠어요?

I don't quite hear you. Could you speak more clearly?

아이 돈 콰잇ㅌ 히어 유 쿠쥬 스픽 모어 클리어리

▶ 더 쉬운 말로 다시 말씀해 주시겠어요?

Could you please say that again in simpler language?

쿠쥬 플리즈 쎄이 댓 어게닌 씸플러 랭귀지

▶ 다른 말로 설명해 주시겠어요?

Could you say it with other words?

쿠쥬 쎄이 잇 위드 아더 월즈

Voca slow down 속도를 낮추다 clearly 분명하게 language 언어

Chapter 03 용건이나 용무를 물을 때

모르는 사람이나 손님이 찾아왔을 경우 용무나 용건을 완곡하게 묻는 표현법으로 May I help you? / What can I do for you? / What brings you here? 등이 있다. 서로 아는 사이이고 친하다면 직접적으로 What's the matter? / What's the problem? / What happened? 등과 같은 표현을 활용하면 된다. 특히 의문사인 5W 1H를 주로 사용함에 유의하자.

DAY 050 의문사 [When]

When은 시간, 때를 물을 때 사용하는 의문사이다.

▶ 언제 결혼할 계획입니까?

When are you going to get married?

웬 아 유 고잉 투 겟 메리드

▶ 언제 태어났습니까?

When were you born?

웬 워 유 본

▶ 다음에 언제 만날 수 있을까요?

When will I see you next?

웬 윌 아이 씨 유 넥슷ㅌ

▶ 언제 체크아웃하시겠습니까?

When do you wish to check out?

웬 두 유 위시 투 췌카웃ㅌ

▶ 탑승시간은 언제입니까?

When is the boarding time?

웬 이즈 더 보딩 타임

Voca get married 결혼하다

Part 2 학습 표현

DAY 051 의문사 [Where]

Where는 장소를 물을 때 사용하는 의문사이다. 출신이나 고향을 물을 때는 Where are you from?이라고 하는데, 이는 Where do you come from?이라고 할 수도 있다. 답변할 때는 〈I'm from + 자신의 고향〉으로 한다.

▶ 여기가 어디예요?

Where am I?

웨어 앰 아이

▶ 지금 지나가는 데가 어디입니까?

Where are we passing now?

웨어 아 위 패씽 나우

▶ 어디까지 얘기했죠?

Where are we?

웨어 아 위

▶ 어디 출신입니까?

Where are you from?

웨어 아 유 흐롬

▶ 갈아타는 데가 어디입니까?

Where do I transfer?

웨어 두 아이 트랜스훠

▶ 지하철 노선도를 어디서 구할 수 있나요?

Where can I get the subway map?

웨어 캔 아이 겟 더 썹웨이 맵

Voca   pass 지나가다   find 발견하다   pay phone 공중전화   map 지도

64

DAY 052　의문사 [Who]

사람을 물을 때 사용하는 의문사이다. 일반적으로 당신이 누구냐고 묻는 표현은 Who are you?이지만, 전화나 문 밖에서 초인종을 누를 때같이 보이지 않는 상대에게 누구냐고 묻는 경우에는 Who is it? / Who is (s)he? / Who's calling? 등으로 물어봐야 한다.

▶ 누구세요?

Who is it?

후 이즈 잇

▶ 누구 생각이야?

Whose idea was it?

후즈 아이디어 워짓

▶ 제일 좋아하는 선수가 누구예요?

Who is your favorite player?

후 이즈 유어 훼이버릿 플레이어

▶ 누구를 바꿔 드릴까요?

Who would you like to speak to?

후 우쥬 라익투 스픽 투

▶ 누구시라고요? / 누구시죠?

Who's calling, please?

후즈 콜링 플리즈

▶ 그밖에 누구를 만났습니까?

Who else did you meet?

후 엘스 디쥬 밋

Part 2

학습 표현

Voca　idea 생각　favorite 가장 좋아하는　player 선수

DAY 053 의문사 [What]

what은 '무엇'이라는 의미의 의문사이다. 또한 선행사를 포함하는 관계대명사로 '~하는 것'이라는 의미로 사용되기도 한다. 사물을 가리키는 관계대명사로는 which, that, what 등이 있는데 다른 관계대명사는 선행사를 포함하지 않으므로 선행사와 함께 쓰인다. 따라서 선행사가 없는 관계대명사 자리에는 what을 사용하면 된다.

▶ 당신은 어때요?

What about you?

와러바웃 유

▶ 오늘 날씨 어때요?

What's the weather like?

왓츠 더 웨더 라익ㅋ

▶ 별일 없으세요?

What's new?

왓츠 뉴

▶ 이건 재질이 뭐예요?

What's it made of?

왓츠 잇 메이덥

▶ 무슨 일 있나요?

What's the matter?

왓츠 더 매러

▶ 무슨 좋은 일 있어요?

What's the occasion?

왓츠 디 어케이션

Voca weather 날씨 matter 문제 occasion 일, 기회

의문사 [Which]

의문사 which는 '어느, 어떤'이라는 의미이다. 주로 which는 여러 개 중에서 하나를 고르는 의문문에 사용된다. which는 선행사를 포함하지 않는 관계대명사로 사용되기도 하는데, that과 같은 의미이지만 전치사 뒤나 콤마 뒤에는 which만 사용할 수 있다.

▶ 어느 학교에 다니고 있습니까?

Which school do you go to?

위치 스쿨 두 유 고 투

▶ 어떤 상표(브랜드)가 가장 좋아요?

Which brand is the best?

위치 브랜드 이즈 더 베슷ㅌ

▶ 어느 색깔이 저한테 어울릴까요?

Which color looks better on me?

위치 컬러 룩스 베러 온 미

▶ 잡지 코너는 어디에 있어요?

Which section are magazines in?

위치 섹션 아 매거진스 인

▶ 어떤 스타일로 해 드릴까요?

Which style would you like?

위치 스타일 우쥬 라익

▶ 어느 팀을 응원합니까?

Which team do you support?

위치 팀 두 유 서풋ㅌ

Part 2

학습 표현

Voca section 구획 support 응원하다, 지지하다, 지원하다

055 의문사 [Why]

이유를 물을 때 사용하는 의문사이다. Why? 혹은 Why not?은 이유를 묻는 표현법인데, 미국에서는 같은 의미의 How come?을 즐겨 사용하는 편이다. Why not?은 "왜?"라는 의미 외에도, 권유에 대해서 "왜 안 되겠어? 좋아."라며 긍정하는 의미로 사용된다.

▶ 왜? / 어째서?

Why not?

와이 낫

▶ 왜 이 회사를 지망하셨습니까?

Why did you apply to this company?

와이 디쥬 어플라이 투 디스 컴퍼니

▶ 왜 어제 전화하지 않았니?

Why didn't you call me yesterday?

와이 디든츄 콜 미 예스터데이

▶ 왜 직업을 바꾸려 합니까?

Why do you plan to change your job?

와이 두 유 플레인 투 췌인지 유어 잡

▶ 왜 늦었습니까?

Why are you late?

와이 아 유 레잇ㅌ

▶ 내일 우리 집에 오지 않을래요?

Why don't you come to my house tomorrow?

와이 돈츄 컴 투 마이 하우스 투마로우

Voca apply 지원하다 yesterday 어제

DAY 056 의문사 [How]

'어떻게'라는 의미를 가지는 의문사이다. 방법뿐 아니라 정도, 양, 상태, 느낌 등을 물을 때도 사용된다. 의문문을 만들 때 how가 단독으로 쓰이는 경우도 있지만 〈how + 형용사/부사〉가 함께 의문사 역할을 하는 경우도 많다. how old, how many, how much, how long, how far 등이 있다.

▶ 이건 어떠십니까?

How about this one?

하우 어바웃 디스 원

▶ 어떻게 지내세요?

How are you doing?

하우 아 유 두잉

▶ 여기 생활은 어떠세요?

How are you enjoying it here?

하우 아 유 인죠잉 잇 히어

▶ 차는 어떻게 할까요?

How would you like your tea?

하우 우쥬 라익 유어 티

▶ 스테이크는 어떻게 익혀 드릴까요?

How do you want your steak?

하우 두 유 원ㅌ 유어 스테익ㅋ

▶ 얼마나 걸릴까요?

How long will it take?

하우 롱 윌 잇 테익

Voca how about ~는 어때? tea 차 take 시간이 걸리다

Part 2 학습 표현

이것 아니면 저것을 선택하는 선택의문문에는 등위접속사 or(혹은, 또는)이 사용된다. or의 앞뒤로는 같은 형태가 와야 한다. 즉 앞이 명사면 뒤에도 명사, 앞이 동사면 뒤에도 동사, 앞이 절이면 뒤에도 절이 와야 하는 것이다.

▶ 차와 커피 중 어떤 걸 좋아하세요?

Which would you prefer, tea or coffee?

위치 우쥬 프리훠 티 오어 커피

▶ 우선 커피와 차 중 무얼 드시겠습니까?

What would you like to drink first, coffee or tea?

왓 우쥬 라익 투 드링ㅋ 훠슷ㅌ 커피 오어 티

▶ 흡연석을 원하십니까? 아니면 금연석을 원하십니까?

Do you want the smoking or non-smoking section?

두 유 원ㅌ 더 스모킹 오어 넌 스모킹 쎅션

▶ 카레는 어떤 걸로 하시겠습니까? 매운 것과 순한 것이 있는데요.

Which kind of curry do you like, spicy or mild?

위치 카인더브 커리 두 유 라익 스파이시 오어 마일드

▶ 이 법에 찬성하세요, 반대하세요?

Are you for or against this law?

아 유 훠 오어 어겐슷ㅌ 디스 로우

Voca prefer 선호하다 spicy 매운 for ~에 찬성하는 against ~에 반대하는

DAY 058 부정의문문

부정의문문에 대한 대답은 우리나라와 반대이다. "~아닙니까?"라고 물었을 때 우리말은 "네, 아닙니다." 혹은 "아니오, 맞습니다."라고 대답하지만, 영어에서는 부정의문문이든 긍정의문문이든 대답에 부정의 내용이 들어가면 No로 대답한다. 따라서 "~아닙니까?"라고 물으면 "네, 맞습니다." 혹은 "아니오, 아닙니다."로 대답하므로 유의해야 한다.

▶ 민수 씨 댁 아닙니까?

Isn't this the Min-Su residence?

이즌 디스 더 민수 레지던스

▶ 춥지 않으세요?

Aren't(= Are) you cold?

안트(= 아) 유 콜드

▶ 점심 안 드셨어요?

Didn't you have lunch?

디든츄 햅 런치

▶ 영화 좋아하지 않으세요?

Don't you like movies?

돈츄 라익 무비스

▶ 그 사람 오지 않나요?

Isn't he coming?

이즌 히 커밍

▶ 그 사람 의사 아닌가요?

Isn't he a doctor?

이즌 히 어 닥터

Voca residence 거주지 cold 추운 have 먹다 lunch 점심

Part 2

회화 표현

부가의문문은 문장의 끝에 의문문의 생략형을 붙이는 표현으로 상대방에게 동의를 구하거나 반응을 원할 때 자연스럽게 붙이는 말이다. 우리말로 '그렇지, 그렇지 않니' 정도의 뉘앙스를 띤다. 앞이 긍정이면 뒤는 부정, 앞이 부정이면 뒤는 긍정으로 표현한다.

▶ 날씨가 고약하지요?

Dreadful weather, isn't it?

드레드홀 웨더 이즌 잇

▶ 당신이 저보다 6개월 선배 맞죠?

You're 6 months older than I, aren't you?

유어 씩스 먼쓰 올더 댄 아이 안츄

▶ 영화를 좋아하지 않으신가요?

You don't like movies, do you?

유 돈 라익 무비스 두유

▶ 봤죠?

You saw it, didn't you?

유 쏘 잇 디든츄

▶ 덥네요, 그렇지 않나요?

It's very hot, isn't it?

잇츠 베리 핫 이즌 잇

▶ 재미있을 것 같지 않아요?

Looks like fun, doesn't it?

룩스 라익 훤 더즌 잇

Voca dreadful 지독한, 고약한 movie 영화 hot 더운 look like ~처럼 보이다

please는 양해를 구하거나 부탁을 할 때 그리고 정중하게 말을 할 때 만능으로 쓴다. Coffee, please.(커피 주세요.) / May I see your passport, please?(여권 좀 보여주시겠어요?) / A wake-up call, please.(모닝콜 좀 부탁합니다.) / I'd like to rent a car, please.(차를 빌리고 싶은데요.) / Check, please.(계산서, 부탁합니다.) 등을 기억해 둔다.

DAY 060 긍정적으로 대답할 때

긍정적인 대답은 대표적으로 Yes.와 OK.가 있다. 그 외에도 Of course. / You're right. / I think so, too. / With pleasure. / Absolutely. 등의 여러 표현을 다양하게 사용해 보자.

Part 2
회화 표현

▶ 좋아요.
Sure.
슈어

▶ 좋아.
Fine.
화인

▶ 기꺼이 그러죠.
I'd be glad to.
아이드 비 글래드 투

▶ 알겠습니다.
Yes, sir.
예스 썰

▶ 맞습니다.
Exactly.
이그잭틀리

Voca sure 물론이다 exactly 정확히

부정의 대답 역시 아주 다양하다. 정중한 사양의 의미인 No, thanks. 부터 강한 부정의 의미인 Never. / Absolutely not. / It can't be possible.까지 뉘앙스도 다양하다는 것을 기억해 두자.

▶ 아니오.

No.

노

▶ 한 번도 없어요.

I never have.

아이 네버 햅

▶ 아니, 지금은 됐어요(안 됩니다).

No, not now, thanks.

노 낫 나우 쌩즈

▶ 유감스럽지만, 안 되겠어요.

I'm afraid not.

아임 어흐레이드 낫

▶ 미안하지만 그렇게는 안 되겠는데요.

I'm sorry, but I can't do it.

아임 쏘리 벗 아이 캔ㅌ 두 잇

▶ 그건 몰랐습니다.

I didn't know that.

아이 디든 노우 댓

Voca never 한 번도 ~하지 않다 afraid 염려하는, 걱정하는

'아마도'에 해당되는 부사에는 maybe, possibly, perhaps, probably 등이 있다. 구어체에서는 maybe나 probably가 많이 사용된다. 실현 가능성에 따라 몇 퍼센트 이상은 maybe, 몇 퍼센트 이상은 perhaps... 등을 사용한다고 하기도 하는데, 실생활에서 그것을 따져서 쓰기는 거의 불가능하니 이러한 종류가 있다는 정도만 기억해 두면 좋을 듯하다.

▶ 있을 수 있어요(그럴 수 있어요).
It's possible.
잇츠 파써블

▶ 그럴지도 모르겠어요.
You could be right.
유 쿠드 비 롸잇

▶ 아마도.
Maybe.
메이비

▶ 그렇대요.
So I hear.
쏘 아이 히어

▶ ~라고 합니다
I hear~
아이 히어~

▶ 그러기를 바라요.
I hope so.
아이 홉 쏘

Part 2
회화 표현

Voca   possible 가능한 hear 듣다 hope 바라다

063 의심을 갖고 대답할 때

'의심하다, 의문을 갖다'라는 의미의 동사는 doubt이다. 여기에서 b는 묵음이어서 발음하지 않는다. no doubt은 의심을 하지 않는 것이므로 '아마 ~일 것이다, 틀림없이 ~일 것이다, 의심의 여지없이 ~이다' 등으로 해석할 수 있다.

▶ 어떨지 몰라, 그렇지 않을걸.

I doubt it.

아이 다우릿

▶ 믿을 수 없어.

I can't believe it.

아이 캔ㅌ 빌리브 잇

▶ 정말로?

Really?

륄리

▶ 본심이야?

Are you serious?

아 유 시리어스

▶ 이상하군요.

Isn't it funny?

이즌 잇 풔니

▶ 예, 하지만 의심스럽군요.

Yes, but I doubt that.

예스 벗 아이 다웃 댓

Voca   doubt 의심하다, 의문을 갖다 believe 믿다 serious 심각한, 진심인

Why not?에는 크게 두 가지 용법이 있는데 ① 부탁·요청을 받은 후 응답할 때, '물론, 당연'의 뜻을 가진다. 또한 타인으로부터 권유받고 난 후에 '부탁합니다, 고맙습니다'라는 말을 표현할 때에도 사용된다. ② 상대방이 부정적으로 묻는 질문에 대해 반론할 때 이유를 되묻는 표현으로 쓰인다. 그러나 Why not~?에서처럼 권유나 제안의 의문문에서는 '~이 어때?'라는 표현으로 사용된다는 점에 유의하자.

DAY
064 **확신을 할 때의 맞장구**

상대가 한 말을 긍정적으로 받아들이고 싶을 때는 That's right. / Indeed. / Sure. 등을 사용하여 맞장구를 칠 수 있다.

Part 2 회화 표현

▶ 맞아요.
That's right.
댓츠 롸잇

▶ 바로 그겁니다. / 맞아요.
That's it.
댓츠 잇

▶ 물론이죠.
Of course.
업 콜스

▶ 틀림없어.
Sure.
슈어

▶ 확신해요.
I'm positive.
아임 파저티브

Voca right 옳은 positive 긍정적인

어느 정도 그렇다고 생각은 하지만 완전히 확신이 있지는 않은 정도의 경우에 사용할 수 있는 표현들이다. suppose는 '~일 것이라고 생각하다, 추측하다'라는 의미와 함께 '~이라고 가정하다'라는 의미도 가지고 있다. suppose가 문두에 바로 온다면 '~라고 가정해 보자, 가령 ~라고 해 보자'라는 의미일 가능성이 높다.

▶ 아마도.

Maybe.

메이비

▶ 그럴지도 모르겠어요.

Could be.

쿨 비

▶ 그럴 거라고 생각합니다.

I suppose so.

아이 써포즈 쏘

▶ 그렇기를 바랍니다.

I hope so.

아이 홉 쏘

▶ 저도 역시 그렇게 생각합니다.

Yes, I think so too.

예스 아이 씽 쏘 투

▶ 재미있겠군요.

That sounds interesting.

댓 사운즈 인터뤠스팅

Voca suppose 생각하다, 추정하다 interesting 흥미로운

질문의 형태를 가진 표현들이 많지만, 실제로 질문이라기보다는 상대의 말을 긍정하면서 확인차 되묻는 표현이라고 할 수 있다. '정말, 확실히'라는 의미의 indeed 역시 뒤에 물음표를 붙여 Indeed?라고 끝을 올려 읽으면 Really?와 같은 의미로 사용할 수 있다.

▶ 그래요?
Really?
뤼리

▶ 그래요?
Are you sure?
아 유 슈어

▶ 그래요?
Is that so?
이즈 댓 쏘

▶ 그래요?
Is that right?
이즈 댓 롸잇

▶ 어머, 그래요?
Oh, yeah?
오 예

▶ 아, 그러셨어요?
Oh, did you?
오 디드 유

Part 2 회화 표현

Voca really 정말로

79

상대의 말을 부정하고 싶을 때는 I don't think so. / It's not true. / Never. 등의 표현을 사용할 수 있다. 안타까움을 나타낼 때는 That's too bad.(그것 참 안됐군요.)라고 말할 수 있으며, 불가능을 나타낼 때는 It's impossible.(그건 무리예요.)라고 말한다.

▶ 설마! / 그럴 리가요!
Not really!
낫 륄리

▶ 그럴 리가요!
You don't say!
유 돈 쎄이

▶ 아니오 그렇게 생각지 않아요.
No, I don't think so.
노 아이 돈 씽 쏘

▶ 그래요? 저도 좋아하지 않습니다.
Oh yeah? Neither do I.
오 예 니더 두 아이

▶ 모르겠어요.
I don't know.
아이 돈 노우

▶ 확실히 모르겠어요.
I'm not sure.
아임 낫 슈어

Voca so 그렇게 neither ~도 마찬가지로 아니다

understand는 '이해하다, 알아듣다'라는 의미이며, 비슷한 의미의 단어로는 get, follow, see, grasp 등이 있다. "이해하셨어요?"라고 묻는 다양한 표현으로는 Do you understand? / Do you get it? / Are you with me? / Does it make sense? 등이 있다.

▶ 아시겠어요?

You see(= know)?

유 씨(= 노우)

▶ 제 의도를 아시겠어요?

You know what I mean?

유 노우 와라이 민

▶ 제 말을 이해하시겠어요?

Can you understand what I'm saying?

캔 유 언더스탠드 와라임 쎄잉

▶ 내가 한 말을 이해할 수 있겠습니까?

Do you follow me?

두 유 활로우 미

▶ 당신 기분이 어떤지 알겠어요.

I know how you feel.

아이 노우 하우 유 휠

▶ 네, 말씀하시는 뜻을 알겠습니다.

Sure, I understand what you mean.

슈어 아이 언더스탠ㄷ 왓 유 민

Part 2
활용 표현

Voca   understand 이해하다 follow 이해하다, 따라가다 mean 의미하다

DAY 069 잠시 생각할 때

뭔가를 기억하려고 하거나 생각하려고 할 때 주로 쓰이는 표현은 Let me see.이다. let은 '~하게 두다, ~하도록 허락하다' 등의 의미를 가진 사역동사이다. let 뒤에 오는 동사는 원형으로 써야 함을 기억하자.

▶ 글쎄.

Well.
웰

▶ 글쎄(어디 보자).

Let me see.
렛 미 씨

▶ 참, 뭐더라.

Well, let me see.
웰 렛 미 씨

▶ 거 뭐랄까?

What shall I say?
왓 쉘 아이 쎄이

▶ 내 말 뜻은~

What I mean is~
왓 아이 미니즈~

▶ 좀 생각해 보기로 하죠.

Let me think about it.
렛 미 씽 커바우릿

Voca let me~ 내가 ~해 볼게

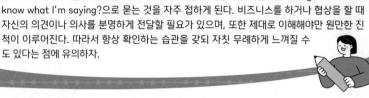

Chapter
06 이해와 확인을 요청할 때

외국인과 대화를 나누다보면 미국인이 비영어권 사람에게 You got it? / You know what I'm saying?으로 묻는 것을 자주 접하게 된다. 비즈니스를 하거나 협상을 할 때 자신의 의견이나 의사를 분명하게 전달할 필요가 있으며, 또한 제대로 이해해야만 원만한 진척이 이루어진다. 따라서 항상 확인하는 습관을 갖되 자칫 무례하게 느껴질 수도 있다는 점에 유의하자.

DAY 070 이해를 확인할 때

주로 동사 understand를 활용한다. get the picture 역시 숙어로 '이해하다'라는 의미를 가지고 있다.

▶ 이해하시겠어요?

Do you understand it?
두 유 언더스탠딧

▶ 제 말 뜻을 이해하시겠어요?

Do you understand what I mean?
두 유 언더스탠드 와라이 민

▶ 제가 한 말을 알겠어요?

Do you understand what I'm saying?
두 유 언더스탠드 와라임 쎄잉

▶ 지금까지 제가 한 말을 이해하시겠어요?

Are you with me so far?
아 유 윗미 쏘 화

▶ 사정(내용)을 알았습니까?

Do you get the picture?
두 유 겟 더 픽쳐

Voca so far 지금까지 get the picture 이해하다

이해했을 때 할 수 있는 대답으로는 I see. / I got it. / Gotcha. / I understand. / Now I know what you mean. 등이 있다. make sense 는 '이해가 되다, 의미가 통하다'라는 의미이다.

▶ 이해했어요.
I understand.
아이 언더스탠드

▶ 아, 알겠습니다.
Oh, I've got it.
오 아이브 가릿

▶ 아, 알겠어요.
Oh, I see.
오 아이 씨

▶ 알겠군요.
I get the picture.
아이 겟 더 픽쳐

▶ 이해가 되는군요.
It makes sense to me.
잇 메익 쎈스 투 미

▶ 아! 무슨 말씀인지 알겠습니다.
Oh! I see you mean.
오 아이 씨 유 민

Voca get it 이해하다 make sense 이해되다, 말이 통하다 see 알다

DAY 072 이해를 못 했을 때

이해하지 못했을 때 가능한 대답으로는 I don't understand. / I'm not with you. / I don't get it. 등이 있다. Excuse me? / Pardon me? 등으로 되물어볼 수도 있다. figure는 understand와 같은 의미로 사용할 수 있다.

▶ 이해가 안 됩니다.
I don't understand.
아이 돈 언더스탠드

▶ 무슨 말을 하는지 모르겠어요.
I don't follow you.
아이 돈 활로우 유

▶ 이해하기 어렵군요.
It's tough to figure.
잇츠 텊 투 피규어

▶ 도무지 감이 잡히질 않습니다.
I can't get the hang of it.
아이 캔ㅌ 겟 더 행 어빗

▶ 무슨 말인지 전혀 모르겠어요.
You're confusing me too much.
유어 컨퓨징 미 투 머취

▶ 당신 말씀을 이해할 수 없습니다.
I couldn't make out what you mean.
아이 쿠든 메이카웃 왓 유 민

Voca get the hang of ~을 이해하다, 할 줄 알게 되다 confuse 혼란스럽게 하다

Part 2 학습 표현

흔히 이러한 표현은 말문이 막힐 때 습관적으로 주저하는 표현법이다. 또한 Well(그러니까)이나 I mean~(그건 말이죠)처럼 화제를 바꾸거나 잠시 시간적인 여유를 찾기 위한 표현으로도 활용된다. 말을 조금 끌어 준다든지, 아니면 잠시 생각해 본다든지 등의 언어습관은 상대방에게 답답함을 유발할 수 있기 때문에 상황이나 상대에 따라 적절하게 사용해야만 한다.

DAY 073 말이 막힐 때

It's on the tip of my tongue.은 뭔가 생각이 날 듯 말 듯 입에서 말이 맴돌 때 쓰는 재미있는 표현이다.

▶ 음…
Well…
웰

▶ 에…
Er…
얼

▶ 글쎄, 어디 생각해 봅시다.
Well, let me see.
웰 렛 미 씨

▶ 글쎄요, 사실…
Well, actually, …
웰 액츄릴리

▶ 거 뭐라고 말할까?
What shall I say?
왓 쉘 아이 쎄이

Voca actually 사실은

you know는 영어에서 굉장히 자주 사용되는 추임새이다. 다음 할 말을 생각하면서 '있잖아요'라고 말을 잇는데, 너무 자주 사용하면 대화의 흐름을 깰 수 있으니 적당한 때에 적당한 정도로 사용해야 한다.

▶ 있잖아요,
I tell you what,
아이 텔 유 왓

▶ 있잖아요(알다시피),
You know, …
유 노우

▶ 생각 좀 해 보고요.
Let me think.
렛 미 씽ㅋ

▶ 음, 그걸 어떻게 말해야 될까요?
Well, how should I say it?
웰 하우 슈드 아이 쎄잇

▶ 말하자면,
I would say,
아이 우드 쎄이

Part 2 회화 표현

Voca should ~해야 하다

87

075 적당한 말이 생각나지 않을 때

'할 말을 잊어버렸다, 기억이 나지 않는다'라고 말할 때는 I've forgotten. / I can't think of it offhand. / I can't remember now. 등으로 표현한다. going to는 [고잉 투] 혹은 [고인 투]로 발음되며 연음되어 [거나]로 발음되기도 한다.

▶ 뭐라고 말할까?

What shall I say?

왓 쉘 아이 쎄이

▶ 뭐라고 했지? 그래 맞아~

What was I going to say? Ah, yes~

왓 워즈 아이 고잉 투 쎄이 아, 예스~

▶ 뭐라고 말하면 좋을까?

What's the word I want?

왓츠 더 월ㄷ 아이 원ㅌ

▶ 무슨 말을 하려고 했지?

What was I saying?

왓 워즈 아이 쎄잉

▶ 맞아, 이래요.

It's like this, you see.

잇츠 라익 디스 유 씨

▶ 자, 글쎄요.

Well, let me see now.

웰 렛 미 씨 나우

Voca shall I ~? ~을 할까? like ~같이

말하면서 생각할 때

remember는 [뤼멤버]처럼 살짝 굴려 주듯 발음한다. correctly는 [렉]에 강세를 두고 [커레엑]까지 발음한 후 잠시 멈추는 듯하다가 연이어 [을리]를 발음하는 느낌으로 말한다. exactly 역시 [이그잭]까지 발음하고 멈추는 듯하다 [을리]를 발음하는 느낌으로 말한다.

▶ 생각 좀 해 보고요.
Let me think.
렛 미 씽ㅋ

▶ 확실하지 않지만, ~이라고 생각합니다
I don't know exactly, but I suppose~
아이 돈 노우 이그잭틀리 벗 아이 써포즈~

▶ 아 제 기억이 옳다면,
If I remember correctly,
이프 아이 리멤버 커렉틀리

▶ 잘 기억나지 않지만,
Well, I don't remember exactly,
웰 아이 돈 리멤버 이그잭틀리

▶ 말하자면,
I would say,
아이 우드 쎄이

▶ 분명하지 않지만,
I'm not sure,
아임 낫 슈어

Part 2 회술 표현

Voca remember 기억하다 correctly 정확하게

on one's mind는 '마음에 있는, 마음에 걸리는'이라는 뜻이다. Say what's on your mind.는 마음에 있는 이야기를 하라는 의미의 말이다. 참고로 off one's mind 역시 on one's mind와 같이 '마음에 걸리는'이라는 의미이다.

▶ 빨리 말씀하세요.

Tell me quickly.
텔 미 퀴클리

▶ 할 말이 있으면 하세요.

Say what's on your mind.
쎄이 왓츠 온 유어 마인드

▶ 이유를 말해 보세요.

Tell me why.
텔 미 와이

▶ 하고 싶은 말을 하세요.

Say what you want to say.
쎄이 왓 유 원 투 쎄이

▶ 누가 그랬는지 말해 보세요.

Tell me who has said so.
텔 미 후 해즈 쎄드 쏘

▶ 그래서 당신은 뭐라고 했습니까?

And what did you say?
앤드 왓 디쥬 쎄이

Voca on one's mind 마음에 걸려

화제를 바꾸는 표현을 알아보자. 직접적으로 Let's change the subject.(화제를 바꿉시다.) / Let's talk about it later.(그 얘기는 나중에 합시다.)라고 표현할 수 있다. 또한 I don't want to talk about it anymore.(더 이상 그 이야기는 하고 싶지 않아.)처럼 직접적으로 강하게 이야기할 수도 있다. 우회적인 문장 표현도 함께 알아두면 편리할 것이다.

DAY
078 **대화의 시도**

〈Let's + 동사〉는 '~합시다'라는 의미를 가진 권유의 표현이다.

▶ 스포츠에 대해 얘기합시다.

Let's talk about sports.
렛츠 토커바웃 스풋ㅊ

▶ 무언가 재미있는 것을 생각해 봅시다.

Let's think of something nice to talk about.
렛츠 씽커브 썸씽 나이스 투 토커바웃

▶ 당신에게 말하고 싶은 게 있는데요.

Let me tell you something.
렛 미 텔 유 썸씽

▶ 전부터 물어보려고 했어요.

I've been meaning to ask you.
아이브 빈 미닝 투 애슥큐

▶ 이야기가 좀 있는데요?

Could I have a word with you?
쿠드 아이 해버 월 위듀

Voca mean to ~할 셈이다

화제를 바꿀 때

'화제를 바꾸다'는 change the subject 혹은 change the topic이다. 이 구절을 이용하여 다양한 문장을 만들 수 있다. 혹은 직접적으로 말하지 않고 By the way(그건 그렇고)를 사용하여 화제를 전환할 수도 있다.

▶ 화제를 바꿉시다.

Let's change the subject.
렛츠 체인지 더 써브젝ㅌ

▶ 뭔가 다른 이야기를 합시다.

Let's talk about something else.
렛츠 톡 어바웃 썸씽 엘스

▶ 화제를 바꾸지 마세요.

Don't change the subject.
돈 체인지 더 써브젝ㅌ

▶ 주제를 바꿉시다.

Let's change the topic.
렛츠 체인지 더 토픽

▶ 좀 더 재미있는 화제로 바꾸죠.

Let's change the subject to a more pleasant one.
렛츠 체인지 더 써브젝 투 어 모어 플레즌ㅌ 원

▶ 새로운 화제로 넘어갑시다.

Let's go on a new topic.
렛츠 고우 오너 뉴 타픽

Voca subject 주제, 화제 topic 화제, 주제

대화 도중에 쓸 수 있는 표현

For example은 '예를 들면'이라는 의미이다. 같은 의미로 For in-stance / Taking an example 등이 있다. 그 외에 대화 도중 사용할 수 있는 표현 중에는 '솔직히 말하면, 일반적으로 말하면, 구체적으로 말하면' 등으로 운을 띄우는 말이 있는데 이를 영어로 표현하면 Frankly speaking, Generally speaking, Specifically speaking이다.

▶ 예를 들면,
For example,
뭐 이그잼플

▶ 내 말은,
I mean,
아이 민

▶ 제 뜻은~
What I mean is~
와라이 민 이즈

▶ 지금 제가 말하고 있는 것은~
What I'm saying is~
와라임 쎄잉 이즈

▶ 제가 말씀드리고자 하는 것은~
What I'm trying to say is~
와라임 트라잉 투 쎄이 이즈

▶ 좋습니다.
O.K. All right.
오케이 올 롸잇

Part 2 회화 표현

Voca example 예 try 노력하다, ~하려 하다

DAY 081 간단히 말할 때

'요점'은 point이다. 요점만 간단히 말하라고 할 때 point를 활용해 보도록 한다. '간단히 말하자면'이라고 운을 띄울 때는 In short / In brief / To put it simply / To put it briefly 등의 표현을 사용할 수 있다.

▶ 간단히 말해!

Cut it short!

커딧 숄ㅌ

▶ 본론을 말씀하세요.

Just tell me your point.

저숫 텔 미 유어 포인트

▶ 바로 요점을 말하세요.

Get right down to business.

겟 롸잇 다운 투 비지니스

▶ 요점을 말씀드리자면~

Coming to the point~

커밍 투 더 포인트

▶ 요점을 말하십시오.

Come to the point.

컴 투 더 포인트

Voca point 요점

신 체

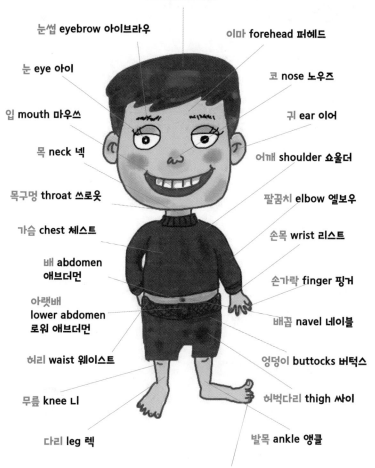

머리 head 헤드

눈썹 eyebrow 아이브라우

이마 forehead 퍼헤드

눈 eye 아이

코 nose 노우즈

입 mouth 마우쓰

귀 ear 이어

목 neck 넥

어깨 shoulder 쇼울더

목구멍 throat 쓰로웃

팔꿈치 elbow 엘보우

가슴 chest 체스트

손목 wrist 리스트

배 abdomen 애브더먼

손가락 finger 핑거

아랫배 lower abdomen 로워 애브더먼

배꼽 navel 네이블

허리 waist 웨이스트

엉덩이 buttocks 버턱스

무릎 knee 니

허벅다리 thigh 싸이

다리 leg 렉

발목 ankle 앵클

발끝 toe 토우

회화 표현

의견 표현

자신의 의견이나 견해를 나타낼 때는 분명한 입장을 취하는 것이 중요하다. 그러나 상황에 따라 의견을 피력하는 걸 자제해야 할 경우가 발생할 수 있으므로 관련 표현법을 익혀 두도록 하자.

자기주장을 똑 부러지게 말하고 싶을 때는 My point is that~ / Would you let me say something? 등을 쓰면 되고, 좀 더 신중하게 말하고 싶을 때는 as far as I can know(내가 알기로는) / as far as I'm concerned~를 쓸 수 있다. 견해를 묻는 표현에는 What do you think of~?나 What do you think about~?을 사용하는데 How do you feel~?도 같은 표현이다.

DAY
082 자신의 의견을 말하고자 할 때

I think~ 혹은 In my opinion~은 자신의 의견을 말할 때 가장 흔하게 쓰이는 표현이다.

▶ 제게는,
As for me, …
애즈 풔 미

▶ 나에게는,
As far as I'm concerned, …
애즈 화 애즈 아임 컨썬드

▶ 내 생각은,
In my opinion, …
인 마이 오피년

▶ 나는 ~라고 생각합니다.
I think~
아이 씽ㅋ

▶ (분명히) ~라고 생각합니다.
I believe~
아이 빌리브

Voca as for ~에 관해 말하자면 as far as ~까지

상대방의 의견을 물어볼 때는 What do you think of~? / How do you feel~? 형태의 문형을 많이 쓴다. 말 그대로 '~에 대한 당신의 생각은 어떤가요?'라는 의미이다. 대답은 I think~로 시작하는 것이 일반적이다.

▶ 이걸 어떻게 하면 될까요?

What should I do with this?

왓 슈드 아이 두 위드 디스

▶ 이걸 어떻다고 생각하세요?

What do you think about this?

왓 두 유 씽커바웃 디스

▶ 무슨 말을 하려는 거죠?

What would you like to say?

왓 우드 유 라익 투 쎄이

▶ 내게 설명 좀 해 주시겠어요?

Can you fill me in?

캔 유 필 미 인

▶ 그게 사실인가요?

Is it true?

이즈 잇 트루

▶ 그게 그런 건가요?

Is that so?

이즈 댓 쏘

Voca fill in 채우다, 자세히 알리다 true 사실인

DAY 084 의견에 대해 긍정할 때

Sounds good.은 상대의 의견에 긍정하는 대표적인 말로 Sounds great.과 같은 의미로 활용된다. 여기서 sound는 '~인 것처럼 들리다'라는 동사로 사용되었다. 일반적으로 sound는 '소리'라는 명사로 많이 사용되지만, 동사의 쓰임새도 있으며, 형용사로 사용될 때는 '건강한, 견실한'이라는 의미를 가진다.

▶ 흥미 있는 얘기입니다.

That sounds like fun.

댓 사운즈 라익 훤

▶ 문제없어요.

No problem.

노 프라블럼

▶ 좋아요.

Sounds great.

사운즈 그뤠잇ㅌ

▶ 이것으로 하겠어요.

Well, I'll take this.

웰 아월 테익 디스

▶ 제가 그것을 보장합니다.

I give my word on it.

아이 깁 마이 월ㄷ 온 잇

▶ 그럴 수도 있겠죠.

Could be.

쿨 비

Voca give one's word 약속하다

one's two cents는 '~의 의견'이라는 뜻이다. one's two cents worth of opinion의 줄임말이라고 생각할 수 있는데, 직역하면 '2센트 정도의 가치를 지닌 의견'이다. 즉 하찮은 의견이라고 무시하거나 깎아내릴 때, 혹은 겸손의 표현으로 사용할 수 있다. 동사는 get in 혹은 put in을 사용한다.

▶ 누가 댁의 의견 따위를 물었나요?

Who asked for your two cents?

후 애슥ㅌ 훠 유어 투 센츠

▶ 그걸 뭐라고 꼬집어 말할 수는 없습니다.

I can't pinpoint it.

아이 캔ㅌ 핀포인ㅌ 잇

▶ 두고 봐야죠.

We'll have to wait and see.

위월 햅 투 웨잇ㅌ 앤 씨

▶ 가망이 없어요.

Chances are slim.

챈시스 싸 슬림

▶ 저하고는 거리가 멉니다.

Far from it.

화 흐로밋

▶ 상관없어요.

That doesn't matter.

댓 더즌 매러

Voca   one's two cents ~의 의견   pinpoint 정확히 집어내다

〈what + a(n) + 형용사 + 명사 + 주어 + 동사〉는 감탄문의 한 형태이다. 여기에서 주어 + 동사는 생략 가능하다. what 감탄문 외에 또 하나의 감탄문 종류는 바로 how 감탄문이다. how 감탄문은 what 감탄문과 순서가 조금 다르다. 〈How + 형용사 + 주어 + 동사〉이다. 주어 + 동사 역시 생략 가능하다.

▶ 훌륭한 의견 감사합니다.
Thanks for the great idea.
쌩즈 훠 더 그뤠잇 아이디어

▶ 천만에요. 그 생각은 당신이 해낸 건데요.
Don't mention it. It was your idea.
돈 멘션 잇 잇 워즈 유어 아이디어

▶ 당신 말에도 일리가 있어요.
You are partly right.
유 아 파틀리 롸잇

▶ 정말 좋은 생각이군요!
What a good idea!
와러 굳 아이디어

▶ 그거 좋은 생각 같군요.
That sounds like a good idea.
댓 싸운즈 라이커 굳 아이디어

▶ 그거 환상적인 생각이네요!
That's a fantastic idea!
댓쳐 홴태스틱 아이디어

Voca partly 부분적으로 fantastic 환상적인

That sounds good.은 상대방의 말에 찬성, 동의, 긍정을 나타내는 표현으로써 상황에 따라서 That's right. / That's correct. / That's true. 따위로 대용할 수 있다. 대화를 나눌 때 이러한 표현을 활용하면 쉽게 친해질 수 있을 뿐만 아니라 분명한 의사표현을 피력함으로써 타인에게 확실한 인상을 심어주게 된다.

---

087 동의할 때

주로 '동의하다'라는 의미의 동사 agree를 활용할 수 있다. 사람에 대해서 동의한다고 말하려면 뒤에 전치사 with를 쓴다.

▶ 좋은 생각입니다.

That sounds good.

댓 사운즈 굿

▶ 동의합니다.

I agree with you.

아이 어그뤼 위듀

▶ 당신에게 동의합니다.

I'm with you.

아임 위듀

▶ 전적으로 동의합니다.

I agree completely.

아이 어그뤼 컴플리틀리

▶ 예, 동의합니다.

Yes, it's a deal.

예스 잇츠 어 딜

Voca agree 동의하다 completely 전적으로, 완전히 deal 거래, 합의, 처리

Part 3

의견 표현

어느 정도는 동의하지만 전적으로는 아니라는 의미이기 때문에, 긍정적인 말 뒤에 역접의 접속사 but을 활용하면 자연스럽다. 혹은 '전적으로'라는 의미의 부사 entirely, completely, fully, totally 등의 앞에 부정어 not을 사용하여 '전적으로 동의하지는 않는다'라는 의미를 만들 수 있다.

▶ 백번 옳은 이야기입니다만,

I couldn't agree more, but~

아이 쿠든 어그뤼 모어 벗

▶ ~에 전적으로 동의하지는 않습니다.

I don't entirely agree with~

아이 돈 인타이얼리 어그뤼 위드

▶ 무슨 말씀인지는 알겠습니다마는,

I see what you mean, but~

아이 씨 왓 유 민 벗

▶ 무슨 말씀인지는 알겠습니다마는,

I see your point, but~

아이 씨 유어 포인ㅌ 벗

▶ 어느 정도는 그렇습니다마는,

To a certain extent, yes, but~

투 어 써튼 익스텐ㅌ 예스 벗

▶ 아마 맞을 겁니다마는,

Yes, maybe(= perhaps), but~

예스 메이비(= 퍼햅스) 벗

Voca entirely 전적으로 extent 정도

089 상대방이 옳고 자신이 틀렸다고 할 때

상대의 말이 옳다고 인정할 때는 You're right.이라고 한다. right은 '옳은'이라는 의미의 형용사로, 반대말은 wrong(틀린)이다. right은 그 외에도 많은 의미를 가지고 있으며 자주 사용되는 단어이다. '맞는, 오른쪽의, 곧바로, 정확히, 권리' 등의 다양한 의미를 기억해서 적절하게 사용해 보자.

▶ 예, 아마 그 점에 대해서는 제가 틀렸습니다만,

(Yes,) Perhaps I'm wrong there. But~

(예스) 퍼햅쓰 아임 롱 데어 벗

▶ 바로 그 말씀을 하시려는군요.

(Yes,) Perhaps you have a point (there).

(예스) 퍼햅쓰 유 해버 포인ㅌ (데어).

▶ 그건 생각해 보지 못했군요.

Yes, I hadn't thought of that.

예스 아이 해든 쏱 어브 댓

▶ 예, 물론입니다.

Yes, of course.

예스 업 콜스

▶ 미안합니다. 당신 말이 옳습니다.

Yes, sorry. You're (quite) right.

예스 쏘리. 유아 (콰잇) 롸잇

▶ 당신 말이 충분히 옳은 이야기입니다.

You may well be right.

유 메이 웰 비 롸잇

Part 3 의견 표현

Voca perhaps 아마 may well ~하는 것도 당연하다, ~도 충분히 가능하다

buy는 '사다'라는 뜻을 가진 기본 단어지만 '믿다, 받아들이다'라는 의미도 가지고 있다. 상대방의 말을 인정하고 받아들인다는 의미에서 I'll buy that.이 사용될 수 있음을 기억하자. buy의 과거형과 과거분 사형은 bought으로, 불규칙변화하는 동사이므로 따로 외워야 한다.

▶ 찬성합니다.
I'll buy that.
아윌 바이 댓

▶ 그 계획에 찬성합니다.
I agree with the plan.
아이 어그뤼 위드 더 플랜

▶ 그것에 찬성합니다.
I'm in favor of it.
아임 인 훼이버브 잇

▶ 유감스럽지만, 찬성합니다.
I hate to say it, but I agree.
아이 헤잇 투 쎄이 잇 벗 아이 어그뤼

▶ 당신의 모든 의견에 찬성입니다.
I agree with you in all your views.
아이 어그뤼 위듀 인 올 유어 뷰ㅅ

▶ 한 가지 조건부로 그의 의견에 찬성합니다.
I agree with his opinion on one condition.
아이 어그뤼 위드 히즈 오피년 온 원 컨디션

Voca plan 계획 in favor of ~에 찬성하여 hate 싫어하다 view 의견, 시점

반대할 때

I'm against it.의 against는 '~에 반대하여'라는 의미의 전치사이다.
반대한다는 말을 할 때 oppose 등의 동사를 사용할 수도 있지만, 전치
사 against만을 사용하여서도 표현할 수 있다. 찬성한다고 말할 때는
I'm for it.이라고 하면 된다. "어느 쪽이든 좋아요."라고 표현하고 싶다
면 Either way is OK.라고 말하면 된다.

▶ 그것에 반대합니다.

I'm against it.

아임 어겐슷ㅌ 잇

▶ 그 계획에 찬성할 수 없어요.

I can't agree to the plan.

아이 캔ㅌ 어그뤼 투 더 플랜

▶ 그 계획에는 반대합니다.

I'm opposed to the plan.

아임 어포우즈 투 더 플랜

▶ 그건 절대 반대입니다.

I'm absolutely against it.

아임 앱쏠루틀리 어겐슷ㅌ 잇

▶ 당신 말에 찬성할 수 없습니다.

I can't agree with your remarks.

아이 캔ㅌ 어그뤼 위듀어 리막ㅅ

▶ 그 의견에 반대합니다.

I'm against that plan.

아임 어겐슷ㅌ 댓 플랜

Voca oppose 반대하다 remark 말

다소 불확실하게 대답할 때

Yes도 아니고 No도 아니고 불확실하게 대답할 때 Yes and No.라고 표현하면 "어느 쪽이라고 단정할 수 없어요."라는 의미가 된다. "어느 쪽이든 좋아요."라고 표현하고 싶다면 Either way is OK.라고 말하면 된다.

▶ 그럴지도 모르겠군요.
That may be right.
댓 메이 비 롸잇

▶ 그럴 거야.
I guess so.
아이 게스 쏘

▶ 그럴지도 모르겠어요.
That may be true.
댓 메이 비 트루

▶ 아마 그럴 거야.
Sort of.
쏱ㅌ 어브

▶ 경우에 따라서요.
It depends.
잇 디펜즈

▶ 아마도.
Probably.
프라버블리

Voca sort of 다소, 어느 정도 depend ~에 달려 있다

일반적으로 Take care!는 언행에 대해 주의를 시키는 말이지만 작별할 때는 '잘 가!, 몸조심해!' 따위와 같은 뜻으로 활용되므로 상황에 따라 적절하게 사용하도록 하자. 상황에 따라서 Please be careful. / You should be careful. / You'd better be careful. 등의 표현도 적절히 활용할 수 있도록 표현법을 익혀 두자.

DAY
093 주의를 줄 때

위험한 상황에서 주의하라고 얘기할 때 대표적으로 할 수 있는 말은 Watch out!이다.

▶ 조심해!
Watch out!
와취 아웃

▶ 그러면 안 돼요.
You cannot do that.
유 캔낫 두 댓

▶ 이러시면 안 되는데요.
You shouldn't do this.
유 슈든ㅌ 두 디스

▶ 개의치 마십시오.
Please don't bother.
플리즈 돈 바더

▶ 쓸데없는 짓 마요.
Don't ask for trouble.
돈 애스ㅋ 풔 트러블

Voca bother 신경 쓰다, 괴롭히다

Part 3

의견 표현

blame은 '~을 탓하다, ~의 책임이라고 하다'라는 의미이다. be to blame (for~) 형태로 사용할 때는 '~에 대한 책임이 있다, 책임을 져야 하다'라는 의미이다. She blames me.라고 하면 "그녀는 나를 비난한다."이고, She is to blame.은 "그녀의 책임이다."라는 의미가 된다.

▶ 다시는 절대 그러지 말게나.

You'll never do that again.

유월 네버 두 댓 어겐

▶ 그런 법이 어디 있어요?

How did you get that way?

하우 디쥬 겟 댓 웨이

▶ 행동으로 옮기든지, 입 다물고 있든지 해!

Put up or shut up!

푸럽 오어 셔덥

▶ 너희들 나머지도 다 마찬가지야.

The same goes for the rest of you.

더 쎄임 고우즈 훠 더 뤠슷ㅌ 어뷰

▶ 당신 정신 나갔어요?

Are you out of your mind?

아 유 아웃 어뷰어 마인드

▶ 네 책임이야.

You're to blame.

유어 투 블레임

Voca shut up 입을 다물다 out of one's mind 정신 나가다

타이를 때

should는 '~해야 한다'라는 의미로 have to나 must와 같은 뜻이다. 실생활에서는 should가 have to나 must보다는 강제성이 좀 덜한 상황에서 주로 사용되므로 부드럽게 타이르면서 권고하는 경우에는 should가 좀 더 어울린다.

▶ 도중에 일을 그만두면 안 돼요.

You should finish what you start.

유 슈드 휘니쉬 왓 유 스탓ㅌ

▶ 그것을 하는 것이 네 의무야.

It's your duty (to do that).

잇츠 유어 듀리 (투 두 댓)

▶ 너에게 필요한 것은 좀 더 노력하는 일이야.

What you need is to make a little more effort.

왓 유 니드 이즈 투 메이커 리를 모어 에훳ㅌ

▶ 좀 더 힘내는 거야.

You should try a little harder.

유 슈드 트라이 어 리를 하더

▶ 자존심을 가져라.

Respect yourself.

리스펙ㅌ 유어쎌ㅎ

▶ 달리 생각할 수는 없니?

Can't you think of it differently?

캔트 유 씽커브 잇 디퍼런틀리

Voca finish 끝내다, 마치다 duty 의무 effort 노력 respect 존중하다

DAY 096 변명을 듣고 싶지 않을 때

Excuse me.라고 할 때 excuse는 '양해하다'라는 의미로 사용되지만, 명사로 사용될 때 excuse는 '변명'의 뜻을 가진다. excuse의 명사 뜻은 그 외에도 '이유, 핑계, 나쁜 사례, 결석계' 등이 있다.

▶ 변명하지 마세요.

Stop making excuses.

스탑 메이킹 익스큐지스

▶ 변명은 듣고 싶지 않아.

I don't want to hear your excuses.

아이 돈 원 투 히어 유어 익스큐지스

▶ 이제 변명은 됐어.

I've had enough of your excuses.

아이브 해드 이넢ㅎ 어뷰어 익스큐지스

▶ 그건 변명이 안 돼.

That's no excuse.

댓츠 노우 익스큐ㅅ

▶ 억지 변명하지 마세요.

Don't quibble.

돈 퀴블

Voca excuse 변명 quibble 트집 잡다, 핑계 대다

112

You'd better~ / Let's~ / Why don't you~? / How about~? 표현은 권유의 성격이 강하다. 동사를 써서 '권고, 충고'를 하려면 advise, recommend, suggest 따위를 쓸 수 있는데 우회적으로 표현하려면 I hope~ / I'd accept~ / I would like to~ 등의 문형을 함께 활용할 수 있다.

DAY 097 충고할 때

pocket은 동사로 사용될 때 '주머니에 넣다'라는 뜻을 가진다. Pocket your pride.는 자존심을 주머니에 넣으라는 뜻이므로 "자존심을 버리세요."라는 표현이 된다.

▶ 나를 실망시키지 마세요.

Don't let me down.
돈 렛 미 다운

▶ 잊지 말고 기억하세요.

Keep that in mind.
킵 댓 인 마인드

▶ 자존심을 버리세요.

Pocket your pride.
파킷 유어 프라이드

▶ 이것을 잠깐 보십시오.

Take a gander at this.
테이커 갠더 앳 디스

▶ 최선을 다해라.

Be all you can be.
비 올 유 캔 비

Voca let~down ~을 실망시키다 take a gander 흘끗 보다

Part 3 의견 표현

113

DAY 098 조언할 때

poke one's nose into는 '~에 참견하다, 상관하다'라는 의미의 숙어이다. poke 대신에 put, push, stick으로 바꾸어 써도 동일한 뜻으로 사용할 수 있다. poke는 '찌르다, 내밀다'라는 의미의 동사로, poke one's head는 '머리를 쑥 내밀다'라는 의미이다.

▶ 쉬는 게 좋지 않겠어요?

Why don't you stay in bed?
와이 돈츄 스테이 인 베드

▶ 영어회화 개인교습을 받아 보지 그래?

Why don't you take private English conversation lessons?
와이 돈츄 테익 프라이빗 잉글리쉬 컨버쎄이션 레슨ㅅ

▶ 이제 슬슬 가는 게 좋지 않겠니?

Hadn't you better be going?
해든 츄 베러 비 고잉

▶ 포기하지 않는 게 좋겠어.

We'd better not give it up.
위드 베러 낫 기비럽

▶ 남이야 뭘 하든 상관 않는 것이 좋을 겁니다.

Don't poke your nose into my business.
돈 폭 유어 노우즈 인투 마이 비지니스

▶ 규칙대로 하는 것이 좋을 겁니다.

You'd better go by the book.
유드 베러 고우 바이 더 북

Voca private 개인 소유의 conversation 대화 go by the book 원칙대로 하다

114

DAY 099 의무·당연을 나타낼 때

'~해야 한다'라는 의무·당위를 나타내는 조동사는 should, have to, must, ought to 등이 있다. must는 두 가지 의미로 사용되는데 첫 번째로 '~해야 한다'는 의무의 뜻을 가지고 있으며 두 번째로 '~임에 틀림없다'는 추측의 의미를 나타낸다.

▶ 오늘은 쇼핑 가야겠어요.

I have to go shopping today.

아이 햅 투 고 샤핑 투데이

▶ 영어를 더욱 연습해야겠어요.

I have to practice my English more.

아이 햅 투 프랙티스 마이 잉글리쉬 모어

▶ 시간이 없으니까 서두르지 않으면 안 됩니다.

We have to hurry up since we have no time.

위 햅 투 허리 업 씬스 위 햅 노 타임

▶ 가야겠습니다.

I must be going.

아이 머슷 비 고잉

▶ 보고서는 영어로 써야 합니다.

The report must be written in English.

더 리폿 머슷 비 뤼튼 인 잉글리쉬

▶ 조심해야 합니다.

You should be careful.

유 슈드 비 케어훌

Part 3 의견 표현

Voca practice 연습하다 hurry up 서두르다 careful 조심하다

상대방에게 부탁을 하거나 양해를 구할 때 구어에서는 Do you mind if~?의 문장을 쓰며 공손한 표현으로는 Would you mind~?가 적절하다. 상대방에게 제안 또는 권유할 때 What about~? / How about~?을 쓸 수 있는데 about은 전치사이므로 동사는 -ing형태가 와야 한다. 비슷한 표현으로는 Why don't you~? / How do you like~? / How do you feel~?도 흔히 쓰인다.

DAY 100 제안할 때

Let's~ / How about~? / Do you want to~? / Don't you~? / We'd like to~ 등 문장이 널리 활용되고 있다.

▶ 털어 놓고 얘기합시다.

Let's have a heart to heart talk.

렛츠 해버 할ㅌ 투 할ㅌ 톡

▶ 이제 그만합시다.

Let's beat it.

렛츠 빗 잇

▶ 오늘은 이만 합시다.

Let's call it a day.

렛츠 코릿 어 데이

▶ 쉽시다.

Let's take a short rest.

렛츠 테익 어 숄ㅌ 뤠슷ㅌ

▶ 야, 숨 좀 쉬자.

Let me catch my breath.

렛 미 캐취 마이 브레ㅆ

Voca heart to heart 털어 놓고 take a rest 쉬다 catch one's breath 숨을 고르다

Would you like to~? / Won't you~? / Would you care for~? 등의
문형이 자주 사용된다. ① 제안의 형태: Shall I~? / Why don't you~?
/ May I~? ② 청유의 형태: Let's~. / Shall we~? ③ 여부의 형태:
What about~? / How about~? / Why don't you~?

▶ 테니스 치러 가시죠?

Why don't we go play tennis?

와이 돈 위 고 플레이 테니스

▶ 괜찮다면 같이 가시죠?

You're welcome to join us, if you want.

유어 웰컴 투 조이너스 이퓨 원트

▶ 저하고 쇼핑 가실래요?

How about going shopping with me?

하우 어바웃 고잉 샤핑 위드 미

▶ 커피 한 잔 드시겠어요?

Would you like a cup of coffee?

우쥬 라익 어 컵 어브 커피

▶ 창문을 열까요?

Would you like me to open the window?

우쥬 라익 미 투 오픈 더 윈도우

▶ 내일, 저녁이나 같이 안 하시겠습니까?

May I take you to dinner tomorrow?

메이 아이 테익 유 투 디너 투마로우

Voca join 합류하다 open 열다

Part 3

의견 표현

117

DAY 102 제안·권유에 응할 때

제안, 권유에 대한 응답 표현으로 OK. All right. / Please do. / That's a good idea. / That sounds good. / That sounds interesting. / Yes, let's do that. / Maybe we should do it. / That sounds like a good idea. 등 긍정적인 답변이 있을 수 있다.

▶ 좋습니다.
OK.
오케이

▶ 네, 그렇게 하겠습니다.
Yes, I'd love to.
예스 아이드 럽 투

▶ 괜찮다면, 제가 함께 가 드리겠습니다.
I'll go with you, if you like.
아윌 고우 위듀 이퓨 라익

▶ 감사합니다. 그렇게 해 주세요.
Thank you. Please do.
쌩큐 플리즈 두

▶ 네가 말한 대로 할게.
Anything you say.
애니씽 유 쎄이

▶ 그거 좋은 생각이군요.
That's a good idea.
댓처 굳 아이디어

Voca would love to ~하고 싶다 if 만일 ~라면

상대방의 부탁이나 요청을 거절할 경우에는 될 수 있는 대로 정중하게 문장 앞에 I'm sorry~ / I'm afraid~를 쓰도록 한다. 상대방으로부터 도움을 요청받았을 때, 동의를 바랄 때, 제안을 받았을 때에도 마찬가지로 No, thank you. / Thank you, but I'd rather not. / I don't feel like it. / I'd love to, but~ 등으로 어느 정도 예의를 갖추어 사양해야 한다.

▶ 그럴 기분이 아닙니다.
I don't feel like it.
아이 돈 휠 라이킷

▶ 다음 기회로 미룰까요?
Can you give me a rain check?
캔 유 깁 미 어 뤠인 첵ㅋ

▶ 그렇게 하지 맙시다.
No, we'd rather not.
노 위드 래더 낫

▶ 고맙지만, 됐습니다.
No, thank you.
노 쌩큐

▶ 그럴 생각이 없습니다.
I'm not ready for that.
아임 낫 뤠디 풔 댓

▶ 저는 쇼핑하고 싶지 않습니다.
I don't feel like shopping.
아이 돈 휠 라익 샤핑

Part 3 의견 표현

Voca rain check (우천으로) 약속이나 초대의 연기 ready 준비된

119

Chapter

06 부탁과 도움을 청할 때

영어에서는 <Please + 명령문>, <명령문 + please>라는 표현을 흔하게 본다. 뿐만 아니라 조동사(can, will, may)를 즐겨 사용한다. 또한 정중한 표현을 하고자 할 때는 조동사 과거형을 사용하여 Could you~? / Would you~?처럼 표현하기도 하며, Do you mind~?와 같은 문장도 사용한다. 이때 could와 would에는 '가능하다면, 만약 할 수 있다면' 따위의 가정의 뜻이 내포되어 있다고 생각하면 된다.

DAY

104　부탁할 때

ask you는 연음되어 [애스큐]로 발음되는데 [애]를 좀 길게 늘여서 발음한다는 기분으로 말한다.

▶ 부탁 하나 해도 될까요?

Can I ask you a favor?
캔 아이 애슥 큐 어 훼이버

▶ 실례합니다. 부탁 하나 들어 주시겠어요?

Excuse me. Would you do me a favor?
익스큐즈 미 우쥬 두 미 어 훼이버

▶ 부탁드릴 게 하나 있습니다.

I have a big favor to ask you.
아이 해버 빅 훼이버 투 애슥 큐

▶ 부탁 좀 드려도 될까요?

Could I ask you to do something for me?
쿠드 아이 애슥 큐 투 두 썸씽 훠 미

▶ 잠시 폐를 끼쳐도 될까요?

May I bother you for a moment?
메이 아이 바더 유 훠 러 모먼ㅌ

Voca for a moment 잠시

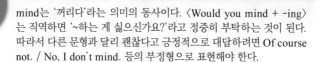

mind는 '꺼리다'라는 의미의 동사이다. 〈Would you mind + -ing〉는 직역하면 '~하는 게 싫으신가요?'라고 정중히 부탁하는 것이 된다. 따라서 다른 문형과 달리 괜찮다고 긍정적으로 대답하려면 Of course not. / No, I don't mind. 등의 부정형으로 표현해야 한다.

▶ 좀 태워다 주시겠습니까?

Would you mind giving me a ride?

우쥬 마인드 기빙 미 어 롸이드

▶ 내일 제가 차를 쓸 수 있을까요?

Can I possibly have the car tomorrow?

캔 아이 파서블리 햅 더 카 투마로우

▶ 당신 것을 빌려 주시겠습니까?

Would you lend me yours, please?

우쥬 렌 미 유얼스 플리즈

▶ 돈을 좀 빌릴 수 있을까요?

May I borrow some money?

메이 아이 바로우 썸 머니

▶ 문 좀 열어 주시겠어요?

Would you mind opening the door, please?

우쥬 마인 오프닝 더 도어 플리즈

▶ 저와 함께 가실래요?

Would you like to join me?

우쥬 라익 투 조인 미

Voca give~a ride 차로 바래다주다 lend 빌려 주다 borrow 빌리다

Part 3 / 의견 표현

〈명령문 + please〉나 〈Please + 명령문〉 형태를 사용한다. please가 문장 처음이나 끝에만 있어야 하는 것은 아니고 아래의 세 번째 문장처럼 문장 중간에 들어갈 수도 있다. 당연하지만 please는 감탄사이므로 빠진다고 해도 문장 성립에 이상이 있는 것은 아니다.

▶ 문을 닫아 주세요.

Shut the door, please.

셧 더 도어 플리즈

▶ 스위치를 켜 주세요.

Just turn it on, please.

저슷 턴 잇 온 플리즈

▶ 돈 좀 꿔 줄래요?

Could you please lend me some money?

쿠쥬 플리즈 렌 미 썸 머니

▶ 잠시 기다려요.

Just a moment, please.

저슷터 모먼 플리즈

▶ 커피 두 잔 주세요.

Two coffees, please.

투 커피즈 플리즈

▶ 저도 같은 걸로 주세요.

The same for me, please.

더 쎄임 훠 미 플리즈

Voca shut 닫다

상대방의 부탁이나 요청을 수락할 때 쓰는 표현으로는 Sure. / Certainly. / No problem. / You bet. / My pleasure. / Sure thing. / Of course. / Go ahead. / No sweat. / Be my guest. 등이 있다.

▶ 물론이죠.
Sure.
슈어

▶ 예, 그러지요.
Yes, certainly.
예스 써튼리

▶ 기꺼이 하겠습니다.
I'll do my best for you.
아윌 두 마이 베스트 훠 유

▶ 그렇게 하세요.
Go ahead.
고 어헤드

▶ 그렇고말고요.
Of course.
업 코스

▶ 그럼요(문제없어요).
No problem.
노 프라블럼

Part 3 의견 표현

Voca certainly 틀림없이, 분명히

DAY 108 부탁을 거절할 때

어렵게 부탁을 했는데 단번에 싫다는 대답이 돌아오면 마음이 상하기 쉽다. 그러므로 상대방에게 부탁을 받았을 때 거절해야 한다면 단번에 No, I can't.라고 말하는 것보다 I'm sorry~ / I'm afraid~ 등을 붙여 어쩔 수 없다는 것을 나타내 주면 상대방의 거부감이 덜할 것이다.

▶ 안 되겠는데요.
I'd rather not.
아이드 래더 낫

▶ 미안하지만, 지금은 안 되겠는데요.
I'm sorry, but I can't now.
아임 쏘리 벗 아이 캔ㅌ 나우

▶ 미안하지만, 그렇게는 안 되겠는데요.
I'm sorry, but I can't do it.
아임 쏘리 벗 아이 캔ㅌ 두 잇

▶ 그건 무리한 요구입니다.
It's a difficult task.
잇츠 어 디피컬ㅌ 태스ㅋ

▶ 시간이 필요합니다.
It takes time.
잇 테익스 타임

Voca difficult 어려운 task 과업, 과제

못하겠다고 바로 거절하는 것이 아니라, 이번이 아닌 다음에 해 보겠다고 우회적으로 거절할 때 쓸 수 있는 말이다. 사실상 거절하는 것이지만, 거절하고 끝나는 것이 아니라 다음을 기약하는 뉘앙스이므로, 지금은 아니다 혹은 다음에 기회가 된다면 하겠다는 의미를 담는 것이 필요하다.

▶ 어쩐지 할 기분이 아니군요.
I'm not in the mood.
아임 낫 인 더 무드

▶ 아직 그럴 준비가 되지 않았습니다.
Well, I'm not ready for that yet.
웰 아임 낫 레디 훠 댓 옛

▶ 다음 기회에 꼭 할 거예요.
Give me a rain check, please.
깁 미 어 뤠인 첵 플리즈

▶ 금방은 무리라고 생각합니다.
I'm afraid I can't make it right away.
아임 어흐레이드 아이 캔ㅌ 메이킷 롸잇 어웨이

▶ 글쎄요. 다음 기회에.
Well, maybe some other time.
웰 메이비 썸 아더 타임

▶ 다른 사람에게 부탁해 보는 게 어때요?
Why don't you ask somebody else?
와이 돈츄 애슥ㅋ 썸바디 엘스

Part 3 의견 표현

Voca in the mood ~할 기분인 yet 아직 some other time 언젠가

도움을 주고받을 때

'도움'을 의미하는 말로 가장 일반적인 것은 help이다. help는 '돕다'라는 동사로도, '도움'이라는 명사로도 사용된다. help는 [헤어을프]를 빨리 말한다는 느낌으로 발음한다. 그 외에 '돕다'라는 의미로 give a hand 혹은 lend a hand라는 숙어를 사용할 수 있는데, 말 그대로 '손을 (빌려)주다'라는 의미에서 유추할 수 있다.

▶ 저 좀 도와주시겠어요?

Excuse me, would you give me a hand?

익스큐즈 미 우쥬 깁 미 어 핸드

▶ 좀 도와주시겠어요?

Could you lend me a hand?

쿠쥬 렌 미 어 핸드

▶ 도움이 필요하세요?

Do you need any help?

두 유 니드 애니 헬ㅍ

▶ 당신의 도움이 필요해요.

I need your help.

아이 니드 유어 헬ㅍ

▶ 도와드릴까요?

May I help you?

메이 아이 헬ㅍ 유

▶ 뭘 해 드릴까요?

What would you like me to do?

왓 우쥬 라익 미 투 두

Voca give a hand 도와주다 lend a hand 도와주다 need 필요하다

설득과 결심을 할 때

상대방을 설득해야 하거나 의사를 확인할 경우에 일반적으로 Think it over.(검
토해 보세요. / 심사숙고해 봐. / 한 번 더 생각해 봐.)라는 표현을 많이 사용한다. 또한 자신의
생각을 I'll speak frankly.(솔직히 말씀드리겠습니다.) / I'll spill it out.(탁 터놓고 얘기하
겠습니다.)처럼 드러내는 것도 상대방에게 믿음을 심어 주게 된다.

DAY 111 　설득할 때

다시 생각해 보라는 말로 Think it over.를 쓸 수 있는데 이 말은 Sleep
on it.이라는 관용표현으로 바꾸어 활용할 수도 있다.

▶ 재검토해 주세요.
Think it over.
씽킷 오버

▶ 날 믿어 주세요.
Take my word for it.
테익 마이 워드 풔릿

▶ 제 말 좀 들어 주세요.
You listen to me.
유 리슨 투 미

▶ 만약 내가 너라면 그렇게 하지 않았을 텐데.
If I were you, I wouldn't do that.
이프 아이 워 유, 아이 우든 두 댓

▶ 그에게서 비밀을 캐내는 게 어때요?
How about pumping the secret out of him?
하우 어바웃 펌핑 더 씨크릿 아우더브 힘

Voca　think over 심사숙고하다　take one's word 말을 그대로 받아들이다

DAY 112 고집을 피울 때

bound는 '묶다'라는 의미를 가진 동사 bind의 과거, 과거분사형이다. 따라서 be bound to의 뜻은 '~에 묶이다'이다. 여기에서 발전해서 '의무가 있다, 반드시 ~할 것이다'라는 의미로 사용되며 강하게 의견을 관철시키려 할 때 사용할 수 있는 말이다.

▶ 내 방식대로 하겠어요.
I'm bound to get it my way.
아임 바운드 투 게릿 마이 웨이

▶ 저에게 강요하지 마세요.
Don't force me to make a decision.
돈 포스 미 투 메이커 디시즌

▶ 그는 항상 자기 마음대로 하려고 해요.
He will always have his own way.
히 윌 올웨이즈 햅 히즈 원 웨이

▶ 제가 처리하도록 하겠습니다.
I'll take care of it.
아윌 테익 케어 어브 잇

▶ 더 이상 이 일을 못 맡겠습니다.
I can't take this job any more.
아이 캔트 테익 디스 잡 애니 모어

Voca be bound to 반드시 ~할 것이다 force 강요하다 one's own way 뜻대로

game은 우리가 보통 알고 있는 '게임, 경기'의 의미 외에 '계략, 속셈' 등의 뜻도 가지고 있으며 다소 비격식 언어이다. 그 외에도 '일, 사업' 혹은 '사냥감'이라는 의미를 가진 명사로도 활용되며, 형용사로 쓰일 때는 '투지가 넘치는'이라는 의미를 갖는다.

▶ 그의 제안을 어떻게 처리하실 건가요?

What are you going to do with his proposal?

와라유 고잉 투 두 위드 히즈 프로포절

▶ 당신은 누구 편이세요?

Who do you agree with?

후 두 유 어그뤼 위드

▶ 진심으로 그런 말을 하시는 겁니까?

Do you seriously mean what you say?

두 유 씨리어슬리 민 왓 유 쎄이

▶ 어떻게 할 작정입니까?

What's the idea?

왓츠 디 아이디어

▶ 무엇을 할 생각이세요?

What do you want to do?

왓 두 유 원투 두

▶ 당신의 속셈을 모르겠군요.

I don't know what your game is.

아이 돈 노우 왓 유어 게임 이즈

Part 3 의견 표현

Voca do with ~을 처리하다, ~와 관계가 있다 seriously 진심으로 game 속셈

〈cannot help + -ing〉는 '~하지 않을 수 없다'라는 당위를 의미하는 숙어이다. 흔히 쓰이는 숙어이니 잘 기억해 두자. 뉘앙스는 조금 다를 수 있으나 같은 의미의 숙어로는 cannot help but + 동사원형, cannot but + 동사원형, have no choice but to + 동사원형, have no alternative but to + 동사원형 등이 있다.

▶ 이만 가 봐야 합니다.
I must go now.
아이 머슷ㅌ 고 나우

▶ 오늘은 야근을 해야 합니다.
I have to work late today.
아이 햅 투 웍 레잇 투데이

▶ 거기에 가시면 안 됩니다.
You're not supposed to go there.
유어 낫 써포즈ㄷ 투 고 데어

▶ 그에게도 기회를 줘야 합니다.
You should give him a chance.
유 슈드 깁 힘 어 챈스

▶ 그 사람 말을 그대로 믿으시면 안 됩니다.
You shouldn't take his word for it.
유 슈든 테익 히즈 워드 풜릿

▶ 그렇게 말하지 않을 수 없었어요.
I couldn't help telling him.
아이 쿠든 헬ㅍ 텔링 힘

Voca chance 기회 cannot help + -ing ~하지 않을 수 없다

생각을 바꿀 때 앞에 운을 띄우는 말에는 On second thought~(다시 곰곰이 생각해 보니까~)이 있다. 비슷한 의미의 표현으로는 Now that I think about it again과 Now one comes to think of it 등이 있다.

▶ 지금은 말하고 싶지 않습니다.
I'd rather not say right now.
아이드 래더 낫 쎄이 롸잇 나우

▶ 그것에 대해 많이 생각해 봤어요.
I thought about it a lot.
아이 쏟 어바우릿 얼랏

▶ 글쎄, 어떻게 할까?
Well, let me see.
웰 렛 미 씨

▶ 밤새 잘 생각해 보세요.
Consult your pillow.
컨썰ㅌ 유어 필로우

▶ 좀 더 두고 봅시다.
Let's wait and see.
렛츠 웨잇 앤 씨

▶ 좀 더 생각해 보세요.
Sleep on it, please.
슬립 온 잇 플리즈

Part 3 의견 표현

Voca consult one's pillow 자면서 생각해 보다 sleep on 자면서 생각해 보다

131

have one's heart set on~은 '~에 뜻을 두다, ~하기로 결심하다' 등의 의미를 가지며, set은 생략될 수도 있고, have 대신 동사로 사용되어 set one's heart on 형태로 쓰일 수도 있다. heart 대신 mind가 사용되기도 한다.

▶ 어려운 결심을 하셨군요.

You made a tough decision.

유 메이더 텁ㅎ 디씨즌

▶ 절대 입 밖에 내지 않기로 맹세할게요.

I swear my lips are sealed.

아이 스웨어 마이 립싸 씰드

▶ 나는 작가가 되기로 결심했어요.

I made up my mind to become a writer.

아이 메이드 업 마이 마인드 투 비컴 어 롸이러

▶ 나는 굳게 결심했어.

I had my heart set on going.

아이 해드 마이 할ㅌ 쎄돈 고잉

▶ 죽을 때까지 기다리죠.

I'll wait an eternity.

아윌 웨잇 턴 이터너티

▶ 두고 보십시오.

Just wait and see.

저슷 웨잇 앤 씨

Voca seal 봉인하다 make up one's mind 결심하다 eternity 영원

DAY 117 결정할 때

'결정하다'라는 의미를 가진 단어나 숙어로는 decide, determine, make a decision, make up one's mind 등이 있다. decide 뒤에는 to 부정사 형태가 오며, that, who, what, whether 등이 이끄는 절이 올 수도 있다.

▶ 결정하셨습니까?

Did you make up your mind?

디쥬 메이컵 유어 마인드

▶ 결정하기가 힘듭니다.

It's hard to decide.

잇츠 할 투 디싸이드

▶ 전 생각을 바꿨습니다.

I've decided to change my mind.

아이브 디싸이디드 투 체인지 마이 마인드

▶ 그것은 만장일치로 결정되었습니다.

It was a unanimous decision.

잇 워져 유내너머스 디씨즌

▶ 동전을 던져서 결정합시다.

Let's flip for it.

렛츠 흘립 훠릿

▶ 그건 당신이 결정할 일이에요.

That's for you to decide.

댓츠 훠 유 투 디싸이드

Voca decide 결정하다 unanimous 만장일치의 flip 홱 뒤집다

up in the air는 문자 그대로만 보면 '공중에 떠 있는'이라는 의미이다. 여기에서 나아가서 '아직 정해지지 않은, 미정인'이라는 의미로 자주 사용된다. 앞에 go가 붙어서 go up in the air로 쓰이면 '이성을 잃다, 흥분하다'라는 뜻이 되고, up이 빠져서 in the air만 쓰이면 '~한 기운이 감도는'이라는 뜻이 된다.

▶ 그건 제 마음대로 결정할 수가 없습니다.

I can't settle it on my own authority.

아이 캔ㅌ 쎄트릿 온 마이 온 어쎠리티

▶ 어떻게 해야 할지 모르겠군요.

I don't know where to turn.

아이 돈 노우 웨어 투 턴

▶ 어떻게 결정하셔도 저는 좋아요.

Whatever you decide is all right with me.

와레버 유 디싸이드 이즈 올 롸잇 위드 미

▶ 아직 결정을 못 했어요.

I haven't decided yet.

아이 해븐 디싸이디드 옛

▶ 아직 결정되지 않았습니다.

It's up in the air.

잇츠 업 인 디 에어

Voca authority 권한 whatever ~한 어떤 것이든 up in the air 미정인

08 지시와 명령을 할 때

명령문은 주로 동사가 앞에 나오기 마련이다. 해당 동사(본동사)의 동사원형을 바로 문장 앞에 쓸 수도 있고, 강조 용법으로 do를 문두에 두어 강한 뉘앙스를 나타내기도 한다. 설령 명령문이라고 하더라도 문두에 please를 덧붙여 주면 공손한 느낌을 준다. <be sure to + 동사> 패턴도 활용할 수 있는데 간접적으로 '~하는 게 좋겠다'와 '~하는 게 바람직하다'는 영어 표현도 지시와 명령의 뜻을 나타낼 수 있다.

DAY 119 지시할 때

<be sure to + 동사>는 '~을 해라'라는 지시나 명령문을 만들 때 사용할 수 있다.

▶ 이번 주 금요일까지 확실히 끝내게나.

Be sure to finish it by this Friday.

비 슈어 투 휘니쉿 바이 디스 흐라이데이

▶ 네, 최선을 다하겠습니다.

Yes, sir. I'll do my best.

예스 썰 아윌 두 마이 베슷ㅌ

▶ 그 사람 빨리 좀 데려오세요.

Please bring him soon.

플리즈 브링 힘 순

▶ 그 사람 지시를 따르세요.

Follow his instructions.

팔로우 히즈 인스트럭션즈

▶ 그건 이렇게 하세요.

Do it this way.

두 잇 디스 웨이

Voca Friday 금요일 instruction 지시

Part 3 의견 표현

Come off it!은 '헛소리 마!, (거짓말, 농담, 잘난 척) 좀 그만해, 잘난 척 좀 하지 마.' 등 다양한 뜻을 가지고 있다. 언행에 대하여 제지하고자 할 때 Stop it! / Cut it out! / Knock it off! 등도 자주 활용된다.

▶ 조심해!
Be careful!
비 케어훌

▶ 조용히 해!
Be quiet!
비 콰이엇ㅌ

▶ 자 조용히!
Calm down!
컴 다운

▶ 이것 좀 와서 봐 봐!
Come and look!
컴 앤 룩

▶ 언제 놀러 와.
Come and see me sometime.
컴 앤 씨 미 썸타임

▶ 이리 와.
Come here.
컴 히어

Voca quiet 조용한 calm down 진정하다

금지 명령을 할 때

상대방의 행위나 행동을 저지하고자 할 때 '~을 하지 마라'라는 부정의 명령은 〈Don't + 동사원형〉 문형을 사용한다. Don't 대신 Never 를 써서 〈Never + 동사원형〉 형태가 되면 더욱 강하게 금지하는 의미를 담는다.

▶ 바보같이 굴지 마!

Don't be a fool!
돈 비 어 풀

▶ 버릇없이 굴지 마!

Don't be crazy!
돈 비 크뤠이지

▶ 화내지 마.

Don't be angry.
돈 비 앵그리

▶ 울지 마.

Don't cry.
돈 크라이

▶ 바보 같은 소리 마!

Don't be silly!
돈 비 씰리

▶ 간섭하지 마!

Mind your own business!
마인듀어 원 비즈니스

Part 3 의견 표현

Voca fool 바보 angry 화난 cry 울다 silly 멍청한

경고할 때는 짧고 간단히, 동사원형 혹은 〈Don't + 동사원형〉으로 시작하는 명령문 형태로 말하게 된다. 아래 본문 외에 또 다른 경고 문들로는 Stand back!(물러서!) / You're under arrest!(체포한다!) / Heads up!(위험해!) / Stay down!(엎드려!) 등이 있다.

▶ 꼼짝 마!
Freeze!
흐리즈

▶ 엎드려!
Duck!
덕ㅋ

▶ 손들어!
Hands up!
핸즈 업

▶ 멈춰!
Halt!
홀ㅌ

▶ 움직이지 마!
Don't move!
돈 무ㅂ

▶ 앞으로 가!
Move on!
무본

Voca freeze 얼다 duck 머리를 숙이다 halt 멈추다

09 재촉을 할 때

상대방이 어떤 일을 지체할 때 take 동사를 써서 Why are you taking it easy? / What's taking you so long?(뭘 꾸물거리세요?)라고 말할 수 있다. 직접적으로 Hurry up! / Rush it, please. / Step on the gas(=it). / Make it snappy. 등으로 나타낸다. 반대로 여유를 가지라고 할 경우에는 Take it easy. / There is no hurry. / Don't rush me. / Don't be so pushy. 등과 같은 표현이 널리 활용된다.

DAY 123 재촉할 때

서두르라고 이야기할 때 가장 대표적으로 쓰이는 말은 Hurry up!이다. 그 외에 Step on it.이라는 표현이 있는데, 자동차의 가속 페달을 밟는 다는 뜻으로 재촉할 때 사용된다.

▶ 서두르세요!
Hurry up!
허뤼 업

▶ 서둘러 주시겠습니까?
Could you hurry up, please?
쿠쥬 허뤼 업 플리즈

▶ 서두르자.
Let's hurry.
렛츠 허뤼

▶ 저 몹시 급해요.
I'm in a hurry.
아임 인 어 허뤼

▶ 서둘러, 시간이 넉넉하지 않아.
Hurry up, we haven't got all day.
허뤼 업 위 해븐 갓 올 데이

Voca in a hurry 바쁜

Where's the fire?는 직역하면 '어디에 불이라도 났어요?'로, 서두르지 말고 여유를 가지라고 말할 때 사용할 수 있는 표현이다. 또 재미있는 표현으로 A watched pot never boils.가 있는데, 직역하면 냄비를 아무리 쳐다봐도 끓지 않는다는 뜻이다. 즉 서두른다고 일이 빨리 되는 것이 아니니 여유를 가지라는 말이다.

▶ 천천히 하세요.

You can't keep up with this pace.

유 캔트 킵 업 윗 디스 페이스

▶ 서두를 필요 없어요.

There is no hurry.

데어 이즈 노 허뤼

▶ 나중에 해도 돼요.

It can wait.

잇 캔 웨잇트

▶ 뭐가 그리 급하세요?

Where's the fire?

웨얼즈 더 화이어

▶ 너무 재촉하지 마세요!

Don't be so pushy!

돈 비 쏘 퍼시

▶ 그렇게 조급하게 굴지 마세요.

Don't be so impatient.

돈 비 쏘 임페이션트

Voca   keep up 따라가다   pushy 지나치게 밀어붙이는   impatient 안달하는

상대방의 말이 도저히 믿기지 않을 때, 상대가 농담하는 듯한 인상을 줄 때, 맞장구를 칠 때 등과 같이 다양한 상황에서 활용될 수 있는 문장표현을 알아보자. You're joking! / You're kidding! / That can't be! / Unbelievable! / Incredible! 등이 흔하게 쓰이며 의문을 가지고 확인하려 물어볼 때는 Really? / Are you joking? / Are you serious? / Do you mean it? / Are you sure? 등처럼 표현하면 된다.

DAY 125 추측과 판단이 맞았을 때

상대방의 예상이나 추측이 옳을 때 I think you're right. / You may be right. 등과 같은 표현을 활용한다.

Part 3

의견 표현

▶ 그 말에 일리가 있군요!

That makes sense!
댓 메익 쎈스

▶ 그럴 줄 알았어!

That figures!
댓 휘규어쓰

▶ 아무도 모르죠? / 누가 알겠어요?

Who knows?
후 노우즈

▶ 당신 추측이 딱 맞았어요.

Your guess was right on the nose.
유어 게스 워즈 롸잇 온 더 노우즈

▶ 제가 옳았다는 것이 판명되었어요.

It turned out that I was right.
잇 턴드 아웃 댓 아이 워즈 롸잇

Voca on the nose 정확히 turn out 판명되다

DAY 126 추측과 판단이 다르거나 어려울 때

new ball game은 야구에서 상황이 완전히 변했을 때 '경기는 이제부터'라는 의미로 사용되던 말이다. whole new ball game은 '완전히 새로운 국면, 예상치 못한 상황'을 의미하는 구어니 기억해 두자.

▶ 당신이 오리라고는 전혀 생각을 못 했어요.

I had no idea that you were coming.

아이 해드 노 아이디어 댓 유 워 커밍

▶ 그건 전혀 예상 밖의 상황이었어요.

That's a whole new ball game.

댓츠 어 홀 뉴 볼 게임

▶ 아직 모르는 일이에요.

The jury is still out.

더 쥬어리 이즈 스틸 아웃

▶ 전혀 짐작이 안 가요.

I haven't the faintest idea.

아이 해븐 더 페인테슷 아이디어

▶ 그 사람이 당선될 가능성이 전혀 없어요.

That guy doesn't have a chance of winning.

댓 가이 더즌 햅 어 챈스 어브 위닝

▶ 그가 이길 거라고 전혀 예상 못 했어요.

We hadn't bargained on the fact that he might win.

위 해든 바건드 온 더 홱ㅌ 댓 히 마잇ㅌ 윈

Voca jury 배심원단 faint 희미한 bargain on 기대하다, 예상하다

142

DAY 127 확신하는지 물을 때

Are you sure?는 확신하냐고 묻는 가장 간단한 표현이다. sure는 '확신하는, 확실한, 분명히 ~할'이라는 뜻이다. 비슷한 의미의 단어들로는 confident, certain, convinced, positive 등이 있다. sure에 비해 confident는 더 확실하고 강하게 확신한다는 의미를 내포한다. sure와 certain을 비교하면 sure가 더 구어적인 표현이다.

▶ 확신하십니까?

Are you sure?

아 유 슈어

▶ 그거 확실한가요?

Are you sure about that?

아 유 슈어 어바웃 댓

▶ 무슨 근거로 그런 말을 하는 거지?

What makes you say so?

왓 메익ㅅ 유 쎄이 쏘

▶ 무슨 근거로 그렇게 확신하죠?

What makes you so positive?

왓 메익ㅅ 유 쏘 파지티브

▶ 왜 그렇게 확신하세요?

What makes you confident?

왓 메익ㅅ 유 컨피던ㅌ

Voca confident 자신감 있는, 확신하는

Part 3 의견 표현

원래 bet은 '내기를 걸다'라는 뜻으로 I'd bet on it!이나 You can bet on it!도 확신할 때 사용하는 관용표현이다. 또한 슬랭으로 You bet-cha!라는 표현도 사용된다. 또한 확신을 더욱 강력하게 표현할 때 맹세한다고 이야기하기도 하는데 swear나 cross one's heart 등으로 표현할 수 있다.

▶ 물론이죠.

Certainly.

써튼리

▶ 물론이죠. / 당연하죠.

You bet.

유 벳

▶ 당신이 옳다고 확신합니다.

I bet you are right.

아이 벳 유 아 롸잇

▶ 내기를 해도 좋아요!

I can even bet on that!

아이 캔 이븐 베돈 댓

▶ 확실합니다.

Absolutely certain.

앱쏠루틀리 썰튼

▶ 그건 제가 보증합니다.

I give you my word for it.

아이 깁 유 마이 월ㄷ 풔릿

Voca bet 내기하다

확신하지 못할 때

as good as는 '~와 마찬가지인, 거의 ~와 같은'이라는 의미로 사용된다. 따라서 Your guess is as good as mine.은 직역하면 "당신의 추측이 저의 추측과 같네요."이며, 아직 확신하지 못할 때 당신처럼 나도 잘 모르겠다는 의미로 사용할 수 있다.

▶ 아직은 확실하지 않습니다.

I'm not sure yet.
아임 낫 슈어 옛

▶ 확실한 것은 모르겠습니다.

Your guess is as good as mine.
유어 게스 이즈 애즈 굳 애즈 마인

▶ 그 점에 대해선 확실하지 않습니다.

I'm not positive about that point.
아임 낫 파지티브 어바웃 댓 포인트

▶ 장담할 수는 없습니다.

I can't say for sure.
아이 캔ㅌ 쎄이 훠 슈어

▶ 노력하겠지만, 장담은 못 하겠습니다.

I'll try, but I can't promise.
아윌 트라이 벗 아이 캔ㅌ 프라미스

Part 3

의견 표현

Voca promise 약속하다

145

상대방에게 허가를 구할 경우에는 먼저 Excuse me.(실례합니다.)라는 표현을 한 다음 자신의 의사를 드러내야 한다. 그리고 이러한 표현을 나타내는 문형은 May I~? / Can I~? / Would you mind~? / Let me~ 등과 같은 표현을 사용함에 유의하길 바란다.

DAY 130 양해를 구할 때

양해를 구할 때의 대표적인 표현은 Excuse me.이다. 단순히 사과하는 표현으로 Pardon me. / Forgive me. 등을 사용하지만 단지 형식적으로 하는 말이라고 보면 무방할 것이다.

▶ 실례합니다.

Excuse me.
익스큐즈 미

▶ 잠깐 실례하겠습니다.

Excuse me for a moment.
익스큐즈 미 훠 러 모먼ㅌ

▶ 잠깐 실례해도 되겠습니까?

Would you excuse me for a moment?
우쥬 익스큐즈 미 훠 러 모먼ㅌ

▶ 여기서 담배를 피워도 됩니까?

Would you mind if I smoke here?
우쥬 마인드 이프 아이 스목 히어

▶ 말씀 도중에 죄송합니다만,

Forgive me for interrupting you, but~
포깁 미 훠 인터럽팅 유 벗

Voca smoke 담배를 피우다

허가를 구할 때

허가를 구할 때는 Can I~? 혹은 May I~?를 사용해서 '제가 ~해도 되나요?'라는 의미를 만들 수 있다. Do you mind if I~? 역시 '제가 ~을 해도 꺼리지 않으세요?'라는 의미로 허가를 구할 때 사용하는 문형이다. Can I~?나 May I~?만큼은 아니지만 Could I~? 혹은 Might I~? 역시 같은 의미로 간혹 사용된다.

▶ 하나 가져가도 돼요?
Can I take one?
캔 아이 테익 원

▶ 들어가도 돼요?
May I come in?
메이 아이 컴 인

▶ 질문 하나 해도 되겠습니까?
May I ask you a question?
메이 아이 애스큐 어 퀘스쳔

▶ 잠시 실례해도 되겠습니까?
May I be excused for a moment?
메이 아이 비 익스큐즈ㄷ 훠 러 모먼ㅌ

▶ 이 책 빌려가도 돼요?
May I borrow this book?
메이 아이 바로우 디스 북

▶ 이제 집에 가도 돼요?
May I go home now?
메이 아이 고 홈 나우

Part 3
의견 표현

Voca come in 들어가다

147

Can I~?나 May I~?로 질문했을 때 해도 된다고 허가할 때는 Yes, you may. 혹은 Yes, you can.으로 대답할 수 있다. Do you mind if I~?로 질문했을 때 허가한다고 대답하려면 No, not at all. / Of course not. / No, I don't. 등 부정형을 써야 한다.

▶ 예, 그렇게 해도 됩니다.
Yes, you may.
예스 유 메이

▶ 좋아요.
Okay.
오케이

▶ 물론이지요.
Sure.
슈어

▶ 어서 하세요.
Go ahead.
고 어헤드

▶ 문제없습니다.
No problem.
노 프라블럼

▶ 왜 안 되겠어요?
Why not?
와이 낫

Voca go ahead 앞서가다, 진행하다, 어서 하다

허가할 때는 Yes, you may. 혹은 Yes, you can.으로 대답할 수 있으므로, 허가하지 않을 때는 부정형을 만들어 No, you may not. 혹은 No, you can't.라고 할 수 있다. You must not~ / You should not~ / You are not allowed~ 역시 가능하다.

▶ 아니오, 안 됩니다.

No, you may not.

노 유 메이 낫

▶ 죄송합니다만, 안 됩니다.

I'm sorry, you can't.

아임 쏘리 유 캔ㅌ

▶ 여기에 주차할 수 없습니다.

You can't park here.

유 캔ㅌ 팍 히어

▶ 이 물을 마셔서는 안 됩니다.

You cannot drink this water.

유 캔낫 드링ㅋ 디스 워터

▶ 밤에 밖에 나가면 안 돼.

You must not go out at night.

유 머숫 낫 고 아웃 앳 나잇

▶ 여기서 담배 피워서는 안 됩니다.

You should not smoke here.

유 슈드 낫 스목 히어

Part 3 의견 표현

Voca park 주차하다 drink 마시다

149

일반적으로 상대방에게 What are you doing now?(지금 뭐해?)하면 지금 현재 상황을 묻는 표현이지만 장래적인 사항이나 시간을 묻는 표현은 Are you free~?(~시간이 되겠어?) / How about~?(~은 어때?) / When is it~?(~은 언제로 할까?) 등의 문형을 사용한다. 상대방과 약속 시간을 정할 경우에 What time can you make it?(언제로 정할까요?)라는 표현을 사용한다.

DAY
134 **예정과 계획을 물을 때**

When is convenient for you?는 누군가와 약속을 정할 때 상대방에게 질문하는 표현으로 When is good for you?라고 해도 무방하다.

▶ 주말에는 무엇을 할 예정입니까?

What are you doing this weekend?
와라유 두잉 디스 위켄드

▶ 언제 출발합니까?

When are you leaving?
웬아유 리빙

▶ 언제쯤이 좋을까요?

When is convenient for you?
웬 이즈 컨비년ㅌ 풔 유

▶ 공항으로 마중 나오시겠습니까?

Are you going to meet me at the airport?
아 유 고잉 투 밋 미 앳 디 에어폿ㅌ

▶ 한국에 얼마 동안 체류할 예정입니까?

How long are you going to stay in Korea?
하우 롱 아 유 고잉 투 스테이 인 코리아

Voca   weekend 주말 convenient 편한 airport 공항

예정이나 계획을 나타내는 표현은 be going to, be planning to, intend to, mean to, be supposed to 등의 어구를 활용하여 나타내면 된다.

▶ 다음 주 토요일에 파티를 열 예정입니다.

We're having a party next Saturday.

위아 해빙 어 파리 넥슷ㅌ 쌔러데이

▶ 저의 예정이 꽉 차 있어요.

My schedule's pretty tight.

마이 스케쥴스 프리디 타잇

▶ 5월 하순경에 프랑스를 방문할 예정입니다.

I'm going to visit France around the end of May.

아임 고잉 투 비짓 프랜스 어라운드 디 엔드 어브 메이

▶ 내일 찾아뵙겠습니다.

I'm coming to see you tomorrow.

아임 커밍 투 씨 유 투마로우

▶ 낭비한 시간을 보충할 생각입니다.

I'm thinking of making up for all the time I've wasted.

아임 씽킹 어브 메이킹 업 훠 올 더 타임 아이브 웨이슷티드

▶ 생일에 친구들을 초대할 생각입니다.

I'm planning to invite my friends on my birthday.

아임 플래닝 투 인바잇 마이 프렌즈 온 마이 벌쓰데이

Voca schedule 일정, 예정 tight 빠듯한 make up for 보충하다 waste 낭비하다

Chapter 13 가능과 불가능

조동사 can은 '가능(possible)'을 나타내는 대표적인 단어이다. can과 과거형이자 정중한 표현에 쓰이는 could를 활용해 가능과 불가능을 묻고 답하는 표현을 알아보도록 하자. 주의할 것은 can으로 묻는다고 해서 전부 가능·불가능을 묻는 뉘앙스가 아니라 가볍게 요청을 의미하는 표현으로도 쓰인다는 사실에 주목해야 한다.

DAY 136 가능 여부를 물을 때

Can you~?는 '당신은 ~할 수 있나요?'라는 의미를 가진 기본 문형이다.

▶ 무얼 할 수 있습니까?

What can you do?

왓 캔 유 두

▶ 수영할 줄 아세요?

Can you swim?

캔 유 스윔

▶ 영어로 전화할 수 있어요?

Can you make a phone call in English?

캔 유 메이커 폰 콜 인 잉글리쉬

▶ 피아노 칠 수 있어요?

Can you play the piano?

캔 유 플레이 더 피애노

▶ 제시간에 끝낼 수 있겠어요?

Can you make it on time?

캔 유 메이킷 온 타임

Voca swim 수영하다 play 연주하다

be able to는 can과 같은 의미로 '~할 수 있다'이다. will과 같은 조동사에 조동사 can이 연달아 나올 수 없으므로 이런 경우에는 can 대신 be able to를 써야 한다. able은 주로 be able to 형태로 형용사로 사용되지만 edible이나 fashionable처럼 접미사로 다른 단어와 결합하여 '~할 수 있는, ~한 특징을 가지고 있는'이라는 의미를 더해 주기도 한다.

▶ 난 운전할 수 있어.

I can drive.
아이 캔 드라이브

▶ 금요일까지 끝낼 수 있어요.

I can finish it by Friday.
아이 캔 휘니쉬잇 바이 흐라이데이

▶ 난 중국어를 읽을 수 있어요.

I can read Chinese.
아이 캔 뤼드 차이니즈

▶ 그는 글씨를 읽을 줄 알아.

He is able to read letters.
히 이즈 에이블 투 뤼드 레러스

▶ 그는 그 일에 적합하다.

He is equal to the job.
히 이즈 이퀄 투 더 잡

▶ 영어를 할 수 있을 거야.

You will be able to speak English.
유 윌 비 에이블 투 스픽 잉글리쉬

Voca read 읽다 letter 글자 be equal to ~와 동일하다

가능을 의미하는 can의 부정형은 cannot이며 축약형은 can't이다.
'가능한'은 possible이며, 이를 부정하려면 앞에 im-을 붙여야 한다.
따라서 '불가능한'은 impossible이다. 형용사를 부정하는 접두사들은
un-, im-, ir-, in- 등이 있다.

▶ 난 자전거 타지 못해요.

I can't ride a bike.

아이 캔ㅌ 라이더 바익ㅋ

▶ 그 질문에 답해 드릴 수가 없군요.

I can't answer the question.

아이 캔ㅌ 앤써 더 퀘스쳔

▶ 당신과 사랑에 빠지지 않을 수 없군요.

I can't help falling in love with you.

아이 캔ㅌ 헬ㅍ 훨링 인 러브 위듀

▶ 난 한 가지라도 제대로 하는 것이 없다니까!

I can't do anything right!

아이 캔ㅌ 두 애니씽 롸잇

▶ 저와 함께 가실 수 없겠습니까?

Can't you go with me?

캔츄 고 위드 미

▶ 모르겠어요?

Can't you see?

캔츄 씨

Voca ride 타다 bike 자전거

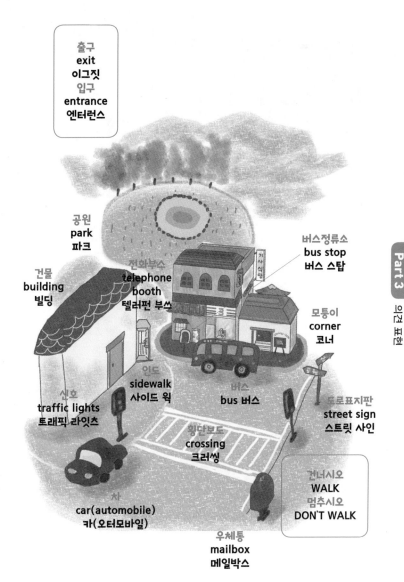

출구
exit
이그짓
입구
entrance
엔터런스

공원
park
파크

버스정류소
bus stop
버스 스탑

건물
building
빌딩

전화부스
telephone booth
텔러펀 부쓰

모퉁이
corner
코너

인도
sidewalk
사이드 웍

신호
traffic lights
트래픽 라잇츠

버스
bus 버스

도로표지판
street sign
스트릿 사인

횡단보도
crossing
크러씽

건너시오
WALK
멈추시오
DON'T WALK

차
car(automobile)
카(오터모바일)

우체통
mailbox
메일박스

감정 표현

누군가 '말은 그 사람의 인격'이라고 했던 것처럼 감정을 드러내는 여러 가지 표현인 기쁨, 걱정, 슬픔, 노여움, 비난, 불평, 놀라움 등은 상대적인 개념이기 때문에 행동(action)이나 표정(expression), 몸짓(gesture), 말(speech) 따위에서부터 표출하거나 절제하는 방법을 익혀보도록 하자.

기쁨과 즐거움을 나타내는 표현은 대개 감탄문이거나 문장이 짧다. 응원이나 격려를 할 때도 단문을 활용할 수 있다. 우리가 아주 흔하게 쓰는 fighting!은 싸움을 할 때 투쟁하자는 뜻이므로 Come on! / Way to go!를 쓰도록 하자.

DAY

139 즐거울 때

how를 사용하는 감탄문은 〈How + 형용사 + 주어 + 동사〉 형태로 표현한다.

▶ 정말 재미있군!

What fun!

왓 훤

▶ 즐거워요.

I'm having fun.

아임 해빙 훤

▶ 정말 즐거워요!

What a lark!

왓 어 락ㅋ

▶ 좋아서 미치겠어요.

I'm tickled pink.

아임 티클드 핑크

▶ 정말 기분이 좋군!

Oh! How glad I am!

오 하우 글래드 아이 앰

Voca fun 재미, 재미있는 lark 장난, 희롱 tickled pink 무척 기쁜

158

기쁠 때

I'm happy.는 "나는 행복해요."이며, 의미를 강조하고 싶다면 부사를 사용하여 I'm very happy.(무척 행복해요.)라고 쓸 수 있다. 이보다도 더 강하게 표현하려면 〈부정어 + 비교급〉을 사용하여 I couldn't be happier with it.(더 이상 기쁠 수 없을 거야.)이라고 할 수 있으니 참고로 기억해 두자.

▶ 무척 기뻐요!
I'm very happy!
아임 베뤼 해피

▶ 몹시 기뻐.
I'm overjoyed.
아임 오버조이드

▶ 기뻐서 펄쩍 뛸 것 같아.
I'm about ready to jump out of my skin.
아임 어바웃 뤠디 투 점ㅍ 아웃 어브 마이 스킨

▶ 기뻐서 날아갈 것 같았어요.
I jumped for joy.
아이 점프ㅌ 풔 죠이

▶ 제 생애에 이보다 더 기쁜 적이 없었어요.
I've never been happier in my life.
아이브 네버 빈 해피어 인 마이 라입

▶ 날아갈 듯해.
I'm flying.
아임 플라잉

Part 4

감정 표현

Voca jump out of one's skin (놀라거나 기뻐서) 펄쩍 뛰다

look forward to는 '~을 고대하다'라는 뜻이며, 전치사 to 뒤에는 명사가 와야 한다. 따라서 동사가 올 경우에는 동명사 -ing 형태를 써 준다. to 뒤에는 보통 동사원형이 와서 to부정사로 많이 쓰이기 때문에 이 구조에서도 동사원형이 올 것이라고 생각하기 쉬운데, 그렇지 않으므로 특별히 신경 써서 기억해 두면 좋다.

▶ 그 소식을 들으니 정말 기쁩니다.
I'm glad to hear that.
아임 글래드 투 히어 댓

▶ 대단한 소식이야!
What wonderful news!
왓 원더훌 뉴스

▶ 듣던 중 반가운데요.
That's nice to hear.
댓츠 나이스 투 히어

▶ 그거 반가운 소식이군요.
That's good news.
댓츠 굳 뉴스

▶ 좋은 소식이군요. 당신을 만나기를 고대하고 있겠습니다.
Good news. I'll be looking forward to meeting you.
굳 뉴스 아윌 비 룩킹 훠워드 투 미링 유

Voca news 소식 look forward to ~을 고대하다

기쁠 때 외치는 소리

한때 인터넷의 유명한 포털사이트였던 야후는 신나서 외치는 소리 Yahoo에서 따온 것이다. 아래의 본문 외에도 기쁠 때 사용할 수 있는 감탄사로는 Wow! / Whoopee! / Well-done! / Good job! / Attaboy! 등이 있다.

▶ 만세!
Hurrah!
허레이

▶ 브라보!
Bravo!
브라보

▶ 만세!
Hip, hip, hurray!
힙 힙 허레이

▶ 야, 만세!
Yippee!
이삐

▶ 야호!
Yahoo!
야후

▶ 이야!
Oh, boy!
오 보이

Voca hurrah 만세 yippee 야호, 만세

DAY 143 재미있을 때

재미있음을 나타내는 형용사들로는 exciting, interesting, funny, humorous, amusing, entertaining, hilarious 등이 있다. 의미는 조금씩 다르지만 기본적으로 웃음 짓게 만들거나 즐거움을 느끼게 하는 것들에 사용할 수 있는 형용사이므로 다양하게 활용할 수 있도록 기억해 두자.

▶ 아주 재미있어요!

How exciting!

하우 익싸이팅

▶ 무슨 재미있는 일이라도 있니?

What's happening?

왓츠 해프닝

▶ 재미있겠군요.

That sounds interesting.

댓 사운즈 인터뤠스팅

▶ 너무 재미있어서 웃음이 멈추지 않네요.

It's so funny that I couldn't stop laughing.

잇츠 쏘 훠니 댓 아이 쿠든 스탑 래힝

▶ 골라먹는 재미가 있습니다.

It's fun picking out my favorite.

잇츠 훤 피킹 아웃 마이 훼이버릿

Voca exciting 신나는 laugh 웃다

DAY 144 행운을 얻었을 때

hit the jackpot은 카지노 등에서 대박을 터트렸을 때 쓰는 말인데 실생활에서도 크게 성공했을 때 사용할 수 있다. 그 외에 '행운'이라는 단어를 듣고 일반적으로 가장 많은 사람들이 떠올리는 것은 아마 '네잎클로버'일 것이다. 네잎클로버는 영어로 four-leaf clover이다.

▶ 잘됐다!
Lucky!
럭키

▶ 오늘은 재수가 좋아!
I lucked out today!
아이 럭트 아웃 투데이

▶ 운이 좋았어!
It's your lucky day!
잇츠 유어 럭키 데이

▶ 하나님 고맙습니다!
Thank heavens!
쌩ㅋ 해븐스

▶ 대성공이야!
I hit the jackpot!
아이 힛 더 잭팟

▶ 단지 운이 좋았을 뿐이야.
I was just lucky.
아이 워즈 저슷 럭키

Part 4

감정 표현

Voca   lucky 운이 좋은   hit the jackpot 대박을 터트리다

163

행복하다는 의미의 형용사는 happy이며, 명사형은 happiness이다. 더할 나위 없이 행복하다고 말하려면 I'm as happy as I can be. / I couldn't be happier. 등의 최상급 관용 표현을 사용할 수 있다. 우리에게 익숙한 happiness 외에 bliss 역시 '더없는 행복'을 의미하는 단어임을 살짝 보고 가자.

▶ 너무 행복해요.
I'm very happy.
아임 베리 해피

▶ 행복하세요!
Be happy!
비 해피

▶ 꿈이 이루어졌어!
It's a dream come true!
잇츠 어 드림 컴 트루

▶ 우리는 모두 행복해.
We are all happy.
위 아 올 해피

▶ 그는 행복에 넘쳐 있습니다.
His cup runs over.
히즈 컵 런즈 오버

▶ 돈으로 행복을 살 수는 없어.
Money cannot buy happiness.
머니 캔낫 바이 해피니스

Voca come true 이루어지다 run over 넘치다

안심할 때

relieve는 '(불쾌감 등을) 덜어 주다, 완화하다, 안심하다'라는 의미이다. 명사형은 relief이다. relief에는 '안심, 안도, 경감' 외에도 '구호품, 위안, 교대자, 구출, 두드러짐' 등의 다양한 의미가 있다. 야구에서 선발투수 뒤에 나오는 구원투수를 relief pitcher 혹은 reliever라고 한다는 것도 슬쩍 읽고 넘어가 보자.

▶ 휴!
Whew!
휴

▶ 아!
Aah!
아

▶ 정말 안심했어요!
What a relief!
왓 어 륄립ㅎ

▶ 그 말을 들으니 안심이네요.
It's a relief to hear that.
잇츠 어 륄립 투 히어 댓

▶ 그 말을 들으니 안심이 됩니다.
I'm relieved to hear it.
아임 릴리브ㄷ 투 히어 잇

Voca relief 안도, 안심 relieve 안도하다

Part 4

감정 표현

DAY
146

상대방의 말이 믿기지 않거나 농담처럼 들릴 경우에는 You are kidding me?(농담이죠?) / It can't be true!(아니, 그럴 수가!) 등의 문장을 쓰거나, 너무 놀라운 소식이나 소문을 접했을 경우에는 Gee! / Oh, my God! / Oh, dear! / Oh, my gosh! 등으로 나타낼 수 있다. 상대방에게 동정이나 위로를 표명할 때 사용하는 표현으로써 Don't worry. / Never mind. / Forget it. 등이 있다.

DAY 147 자신이 화가 날 때

더 이상 못 참겠다고 말할 때는 Enough is Enough.라고 한다. 인내심이 바닥났다는 의미에서 My patience is worn out.이라고도 한다.

▶ 빌어먹을!
(Oh, my) Gosh!
(오 마이) 가쉬

▶ 꼴좋다!
Serves you right!
써브쥬 롸잇

▶ 너무 화가 나는군요.
I'm so angry with you.
아임 쏘 앵그리 위듀

▶ 저런, 심하군요!
What a shame!
와러 쉐임

▶ 바보 같은!
Silly!
씰리

Voca shame 수치심

angry는 '화난'이라는 의미의 형용사이다. 비슷한 의미의 표현으로 furious, in a rage, on the warpath 등이 있다. mad와 crazy는 우리가 흔히 '미친'이라는 의미로 알고 있지만, 미친 것처럼 화가 났다는 의미에서 '화가 난'이라는 의미로도 많이 쓰인다.

▶ 화났어요?
Are you angry?
아 유 앵그리

▶ 아직도 화나 있어요?
Are you still angry?
아 유 스틸 앵그리

▶ 그래서 나한테 화가 났어요?
Are you angry with me on that score?
아 유 앵그리 위드 미 온 댓 스코어

▶ 뭐 때문에 그렇게 씩씩거리니?
What's got you all in a huff?
왓츠 갓 유 올 인 어 헙

▶ 왜 그런지 모르겠어요.
I don't know why.
아이 돈 노우 와이

▶ 그는 몹시 화가 나 있어요.
He's on the warpath.
히즈 온 더 월패쓰

Part 4 감정 표현

Voca on that score 그것 때문에　in a huff 화를 내는　on the warpath 화를 내는

calm은 단독으로 사용되었을 때 '침착한, 차분한'이라는 의미를 가지고 있다. l은 묵음으로 발음하지 않는다. 진정하라는 의미의 Calm down.은 Don't get excited. / Cool it. 등으로 표현할 수도 있다.

▶ 진정하세요!
Calm down!
컴 다운

▶ 화내지 마세요.
Please don't get angry.
플리즈 돈 겟 앵그리

▶ 흥분을 가라앉혀.
Simmer down.
씨머 다운

▶ 이성을 잃으면 안 돼.
Don't lose your temper.
돈 루즈 유어 템퍼

▶ 나한테 화내지 마라.
Don't take it out on me.
돈 테이킷 아웃 온 미

▶ 이런 일에 빡빡하게 굴지 마.
Don't get so uptight about this.
돈 겟 쏘 업타잇 어바웃 디스

Voca simmer down 진정하다 uptight 융통성이 없는, 긴장한

Chapter 03

슬픔과 우울을 나타낼 때

유감, 슬픔, 우울함, 괴로움, 안타까움을 나타내는 표현은 대체로 <의문사 + 형용사> 형태의 문장이거나 '내가 어떤 상태(형용사)이다'라는 문장 형태를 사용한다. 아울러 위로와 격려를 나타내는 문장 표현도 익혀 두자. What's eating you?(무슨 고민 있어요?) / You look depressed.(우울해 보여요.) 라고 운을 띄우면서 Cheer up! / Don't be too discouraged! 따위로 응답하면 좋을 것이다.

DAY 150 슬플 때

'슬픈'이라는 의미를 가진 형용사 sad는 모음 [애]를 길게 [쌔애드]처럼 발음한다.

▶ 아, 슬퍼요!

Alas!

얼래스

▶ 슬퍼요.

I'm sad.

아임 쌔드

▶ 너무 슬퍼요.

I'm so sad.

아임 쏘 쌔드

▶ 어머, 가엾어라!

What a pity!

와러 피리

▶ 어머, 가엾어라!

Oh, poor thing!

오 푸어 씽

Voca alas 아아(슬픔, 유감을 나타냄)

cry one's eye out은 '눈이 퉁퉁 붓도록 울다'라는 의미를 가진다. eye 를 heart로 바꿔 주면 '가슴이 터지도록 울다'가 된다. weep 역시 '울 다'라는 의미의 동사이며, 흐느껴 우는 것은 sob이라고 한다. 울부짖 는 울음은 wail을 사용하여 표현한다.

▶ 슬퍼서 울고 싶은 심정이에요.
I'm so sad I could cry.
아임 쏘 쌔드 아이 쿠드 크라이

▶ 울고 싶어요.
I feel like crying.
아이 휠 라익 크라잉

▶ 눈물을 닦으세요.
Wipe your eyes.
와잎 유어 아이즈

▶ 우세요, 실컷 우세요.
Cry, just cry to your heart's content.
크라이 저슷 크라이 투 유어 할츠 컨텐ㅌ

▶ 영화를 보고 울어 본 적이 있으세요?
Have you ever cried from watching a movie?
해뷰 에버 크라이드 흐롬 와췽 어 무비

▶ 몹시 울었어요.
I cried my eyes out.
아이 크라이드 마이 아이즈 아웃

Voca   wipe 닦다 to one's heart's content 실컷

파란색을 가리키는 말 blue는 '우울한'이라는 다른 의미도 가지고 있다. 같은 의미의 말로 depressed가 있다. 우울해 보이는 사람에게 Why do you look so blue?(왜 이렇게 우울해 보여요? / 무슨 일 있어요?)라고 운을 띄우면서 말을 걸 수 있다.

▶ 저는 우울해요.
I'm depressed.
아임 디프레숫ㅌ

▶ 저는 희망이 없어요.
I'm hopeless.
아임 호플리스

▶ 아무것도 하고 싶은 생각이 없어요.
I don't feel like doing anything.
아이 돈 휠 라익 두잉 애니씽

▶ 저는 지금 절망적인 상태예요.
I'm in a no-win situation now.
아임 이너 노-윈 씨츄에이션 나우

▶ 저를 우울하게 만들지 마세요.
Don't make me depressed.
돈 메익 미 디프레숫ㅌ

Part 4 감정 표현

Voca depressed 우울한 hopeless 희망이 없는 no-win 승산이 없어 보이는

슬픔과 우울함을 위로할 때

stick이 동사로 쓰일 때 여러 의미가 있지만 그중에서 '붙이다'라는 뜻이 있다. stick by 뒤에 사람이 오면 '~의 곁을 떠나지 않다'라는 의미가 된다. stick with나 stick around 역시 비슷하게 '~의 곁에 머무르다, 곁에 있다'라는 의미로 사용된다.

▶ 내가 당신 옆에서 돌봐 줄게요.
I'll stick by you.
아월 스틱 바이 유

▶ 너무 우울해하지 마.
Don't get too down.
돈 겟 투 다운

▶ 기운 내.
Cheer up.
취어럽

▶ 너는 이겨낼 거야.
You'll get through this.
유월 겟 쓰루 디스

▶ 슬픔에 굴복해서는 안 돼요.
Don't give way to grief.
돈 깁 웨이 투 그립ㅎ

▶ 잠을 자고 슬픔을 잊어버리세요.
Sleep off your sorrow.
슬립 엎 유어 써로우

Voca get through 헤쳐나가다 grief 슬픔 sleep off 잠으로 ~을 떨쳐버리다

놀라운 일을 경험하거나 두려움을 느낄 때 하는 표현과 진정하고 위로를 받을 때 쓸 수 있는 표현이다. Oh, my God! / My goodness! / No way! 등은 우리 귀에 익숙한 놀람의 표현들이고, Calm down.과 함께 유사한 여러 가지 표현도 함께 알아보도록 하자.

DAY

154 놀랐을 때

미국인들이 놀랐을 때 가장 많이 쓰는 말은 Oh, my God!이다. 우리에게도 아주 익숙한 말이다.

▶ 저런, 세상에!

Oh, my God!

오 마이 갓

▶ 하느님 맙소사!

My goodness!

마이 굳니스

▶ 말도 안 돼!

No way!

노 웨이

▶ 아차!

Oh, dear!

오 디어

▶ 어머나!

Good God!

굳 갓

Voca goodness 어머나, 맙소사 dear 이런, 어머나

Part 4.

감정 표현

surprise는 '놀라게 하다'라는 의미의 타동사이므로, 내가 놀랐다고 말하고 싶을 때에는 I'm surprised!라고 수동태로 표현해야 한다. 현재분사 surprising을 사용하면 누군가를 놀라게 만드는 것이 주어로 와야 한다. alarm은 [람]에 강세를 두고 길게 발음한다.

▶ 놀랐니?

Are you surprised?

아 유 써프라이즈ㄷ

▶ 진정해.

Calm down.

캄 다운

▶ 놀라지 마세요.

Don't alarm yourself.

돈 얼람 유어쎌ㅎ

▶ 전혀 놀랄 것 없어요.

There's no cause for alarm.

데얼즈 노 커즈 훠 알람

▶ 놀랄 것까지는 없어요.

This is hardly a cause for surprise.

디스 이즈 하들리 어 커즈 훠 써프라이즈

▶ 앉아서 긴장을 푸는 게 좋겠어요.

You'd better go sit down and relax.

유드 베러 고 씻 다운 앤 릴렉스

Voca alarm oneself 놀라다 hardly 거의 ~않다 relax 긴장을 풀고 안심하다

DAY 156 믿기 힘든 경우에

2004년에 개봉한 픽사의 애니메이션 〈인크레더블〉은 믿기 힘든 초능력을 가진 가족을 주인공으로 한다. '믿기 힘든'이라는 의미의 in-credible은 [인크뤠더벌]처럼 소리 나도록 [뤠]를 강하게, ble은 약하게 발음한다.

▶ 정말?
Really?
륄리

▶ 믿을 수 없어!
That's incredible!
댓츠 인크레더블

▶ 설마, 믿을 수 없어.
No! I can't believe it.
노 아이 캔ㅌ 빌리브 잇

▶ 농담하시는 건가요?
Are you kidding?
아 유 키딩

▶ 진정인가요?
Are you serious?
아 유 씨어리어스

▶ 그것은 금시초문인데요.
That's news to me.
댓츠 뉴스 투 미

Part 4
감정 표현

Voca incredible 믿을 수 없는 believe 믿다 kid 놀리다, 농담하다

175

scare는 '겁주다, 놀라게 하다'라는 의미의 타동사이다. 따라서 내가 무섭다고 표현하려면 I'm scared.라고 하여 수동태로 표현해야 한다. 상황이 무섭다고 이야기하려면 scary를 사용한다. 무서울 때 돋는 소름을 보고 우리는 닭살 돋는다고 하는데, 영어로는 goose bumps라고 한다.

▶ 무서워요.
I'm scared.
아임 스케얼드

▶ 으스스한데요.
It's scary.
잇츠 스케어리

▶ 그 생각만 하면 무서워요.
I dread the thought of that.
아이 드레드 더 쏟 어브 댓

▶ 등골에 땀이 나요.
I have perspiration on my back.
아이 햅 퍼스퍼레이션 온 마이 백

▶ 정말 무서운 영화였어.
That was a really scary movie.
댓 워져 륄리 스케어리 무비

▶ 그것 때문에 소름이 끼쳤어요.
That gave me the creeps.
댓 게이브 미 더 크립스

Voca　perspiration 땀　give~the creeps ~의 소름을 끼치게 하다

05 걱정과 긴장이 될 때

걱정과 두려운 표정을 짓고 있는 사람에게 '무슨 문제가 있습니까?'의 뜻으로 What's the matter? / What's wrong? / What's the problem?이라고 물어볼 수 있다. 이 밖에도 걱정스럽다는 말을 나타낼 때 What shall I do now?(저는 이제 어떡하죠?) / I'm feeling out of it today.(오늘은 어쩐지 기분이 이상해요.)로 간접적으로 나타낼 수도 있다.

DAY 158 걱정이 있는지 물을 때

오늘의 키워드는 problem, matter, worry, wrong이다. 비슷한 의미를 가진 단어들을 기억해두고 문형에 맞게 활용해 보자.

▶ 무슨 일이지요?

What's the matter with you?
왓츠 더 매러 위듀

▶ 뭐 잘못됐나요?

Is anything wrong?
이즈 애니씽 롱

▶ 잘못된 일이라도 있나요?

Is something wrong with you?
이즈 썸씽 롱 위듀

▶ 무슨 일이야?

What's the problem?
왓츠 더 프라블럼

▶ 무슨 일로 걱정하세요?

What's your worry?
왓츠 유어 워리

Voca matter 문제, 일

DAY 159 걱정스러울 때

예전에 일본의 유명한 영화 중에 〈Shall we dance?〉가 있었다. "춤출까요?"라고 권하는 말이다. shall은 '~할 것이다'라는 의미의 조동사로 주로 I나 we와 결합하여 사용된다. What shall I do?는 '저는 무엇을 해야 하나요?'라는 의미이다.

▶ 저는 이제 어떡하죠?

What shall I do now?

왓 쉘 아이 두 나우

▶ 그녀가 안 오면 어떡하죠?

What if she doesn't come?

와리프 쉬 더즌 컴

▶ 어젯밤에 당신 걱정이 돼서 잠을 못 잤어요.

I lost sleep because of your troubles last night.

아이 롸스트 슬립 비코즈 어뷰어 트러블즈 라숫 나잇

▶ 오늘은 어쩐지 기분이 이상해요.

I'm feeling out of it today.

아임 휠링 아웃 어뷧 투데이

▶ 말 못할 사정이 있어요.

I've got something on my chest.

아이브 갓 썸씽 온 마이 체슷ㅌ

▶ 이제는 어쩔 수 없어요.

I'm burnt out.

아임 번 아웃

Voca feel out of it 소외감을 느끼다

178

걱정하지 말라고 할 때

"걱정하지 마세요."는 Don't worry.이다. 우리에게 너무 익숙한 팝송 〈Don't worry. Be happy〉를 기억하면 잊지 않을 것이다. worry 외에 '걱정하다'라는 표현으로는 be concerned, be anxious 등이 있다.

▶ 걱정하지 마세요.

Don't worry.
돈 워리

▶ 걱정할 것 없어요.

You have nothing to worry about.
유 햅 나씽 투 워리 어바웃

▶ 너무 걱정 마세요. 다 잘될 거예요.

Don't worry so. Everything will be all right.
돈 워리 쏘 에브리씽 윌 비 올 롸잇

▶ 결과에 대해서 걱정하지 마세요.

Don't worry about the results.
돈 워리 어바웃 더 리절ㅊ

▶ 그런 사소한 일로 걱정하지 마세요.

Don't worry over such a trifle.
돈 워리 오버 써춰 트라이흘

▶ 너무 심각하게 받아들이지 마세요.

Don't take it seriously.
돈 테이킷 씨어리어슬리

Voca result 결과

Part 4

감정 표현

179

'긴장한'이라는 의미로 자주 사용되는 단어는 nervous, anxious, be tense 등이 있다. 아래의 본문 외에 신체 부위를 사용하여 긴장을 나타내는 관용표현으로는 heart is pounding like a drum / hands are sweaty 등이 있다.

▶ 난 지금 좀 긴장돼.
I'm a little nervous right now.
아임 어 리틀 널버스 롸잇 나우

▶ 왜 손톱을 물어뜯고 있니?
Why are you chewing your fingernails?
와이 아 유 츄잉 유어 휭거네일즈

▶ 나는 마음이 조마조마해.
I've got butterflies in my stomach.
아이브 갓 버터플라이즈 인 마이 스토먹ㅋ

▶ 나 좀 봐. 무릎이 덜덜 떨려.
Look at me. My knees are shaking.
루켓 미. 마이 니즈 아 쉐이킹

▶ 난 너무 걱정이 돼서 안절부절 못하겠어.
I'm so anxious I feel like I have ants in my pants.
아임 쏘 앵셔스 아이 휠 라익 아이 햅 앤츠 인 마이 팬츠

▶ 너무 불안하다.
I'm so restless.
아임 쏘 레스틀리스

Voca nervous 긴장한 chew 씹다 get butterflies in one's stomach 긴장되다

breath는 '입김, 숨'이라는 뜻이다. breath의 th는 [θ] 발음으로, breath
를 발음할 때는 [브레씨]의 느낌으로 혀를 윗니와 아랫니 사이에 두
고 바람 빠지는 소리를 내는 것으로 마무리한다. 그러나 동사형인
breathe(숨을 쉬다)의 th는 [ð] 발음이므로 breathe를 발음할 때는
[브리-드]라고 해야 한다.

▶ 앉아서 긴장을 푸는 게 좋겠어.
You'd better go sit down and relax.
유드 베러 고 씻 다운 앤 릴렉스

▶ 여러분, 침착하세요. 놀랄 거 없어요.
Relax, everyone. There's no cause for alarm.
릴렉스 에브리원 데얼즈 노 커즈 풔 얼람

▶ 숨을 깊이 들이쉬세요.
Take a deep breath.
테이커 딥 브레쓰

▶ 긴장을 풀어 봐.
Calm your nerves.
컴 유어 널브ㅅ

▶ 그렇게 긴장하지 마.
Try not to be so nervous.
트라이 낫 투 비 쏘 널버스

▶ 그렇게 긴장할 이유가 없어요. 긴장을 풀어요.
There's no reason to be so uptight. Relax.
데얼즈 노 리즌 투 비 쏘 업타잇ㅌ 릴뤡쓰

Voca breath 숨 nerve 신경

06 불평을 말할 때

살다 보면 짜증스럽고 지루하고 피곤하여 불평불만이 생길 때가 많다. '정말 짜증난다'는 표현으로 흔히 I'm sick and tired of it.을 쓰고, '정말 지루해'라는 표현은 It is so boring.을 흔하게 사용한다. Time hangs heavy on my hands.라는 표현이 있는데 '시간이 두 손에 무겁게 걸려 있다', 즉, 의역하면 '지루해 죽겠다'는 뜻이 된다. 지루하고 지겹다 등 불평을 말하는 다양한 표현을 알아보자.

DAY 163 귀찮을 때

try는 '노력하다, 해 보다'라는 의미인데 You're very trying.이라고 하면 "당신 정말 짜증나게 하네요."라는 의미의 문장이 된다. trying은 [트롸잉]과 [츄라잉]의 중간으로 발음한다.

▶ 아, 귀찮아.

Oh, bother!

오 바더

▶ 정말 귀찮군.

What a nuisance!

와러 뉴쓴스

▶ 누굴 죽일 생각이세요?

Do you want to see me dead?

두 유 원 투 씨 미 데드

▶ 당신은 참 짜증나게 하는군요.

You're very trying.

유어 베리 트라잉

▶ 또 시작이군.

Here we go again.

히어 위 고 어겐

Voca nuisance 성가신 사람 dead 죽은

'지루한'을 말하고 싶을 때 사람이 지루함을 느낀다는 것을 표현할 때는 bored를, 어떠한 것이 지루함을 느끼게 한다는 것을 표현할 때는 boring을 쓴다. 내가 지루함을 느끼는 것은 I am bored.고, 이 영화가 지루한 것은 This movie is boring.이다. boring은 [보오링]처럼 길게 늘어뜨려 발음한다.

▶ 진짜 지겹다, 지겨워.

I'm sick and tired of it.

아임 씩 앤 타이어드 어빗

▶ 하는 일에 싫증나지 않으세요?

Aren't you tired of your job?

안츄 타이어 어뷰어 잡

▶ 이젠 일에 싫증이 나요.

I'm tired of my work.

아임 타이어드 어브 마이 웍

▶ 따분하죠, 그렇죠?

It's boring, isn't it?

잇츠 보링 이즌 잇

▶ 지루해 죽겠어요.

Time hangs heavy on my hands.

타임 행즈 헤비 온 마이 핸즈

▶ 그건 생각만 해도 지긋지긋해요.

It makes me sick even to think of it.

잇 메익스 미 씩 이븐 투 씽커빗

Voca sick of ~가 지겨운 tired of ~가 지겨운 even 심지어

Part 4

감정 표현

183

우리가 어떤 가게나 업체에 불만을 이야기하는 것을 컴플레인한다고 이야기한다. 이 컴플레인이 바로 complain으로, '불평하다'라는 의미를 가진다. 명사형은 complaint이다. '불평하다, 투덜거리다'라는 의미를 갖는 다른 단어들로는 bellyache, grumble, whine, moan 등이 있다.

▶ 당신 또 불평이군요.

You're always complaining.

유어 얼웨이즈 컴플레이닝

▶ 무엇을 불평하고 계십니까?

What are you complaining about?

와라유 컴플레이닝 어바웃

▶ 너무 투덜거리지 마!

Don't whine so much!

돈 와인 쏘 머취

▶ 너무 그러지 마.

Why don't you give it a rest?

와이 돈츄 기삣 어 뤠슷ㅌ

▶ 불평불만 좀 그만해.

Quit your bitching and moaning.

큇 유어 비칭 앤 모닝

▶ 이제 그만 좀 불평해.

Keep your complaints to yourself.

킵 유어 컴플레인ㅊ 투 유어쎌ㅎ

Voca whine 징징거리다 give it a rest 그쯤 하다, 그만두다 moan 투덜거리다

자기 자신의 어떤 행위나 말투로 인한 실수에 대하여 후회를 할 때의 표현은
I blew it.(망쳤어.) / I'm distressed.(너무 괴롭군요.) / Oh, dear!(오 이런!) / Oh, my
gosh!(빌어먹을!) / Damn it!(젠장!) 따위와 같은 표현을 사용한다. 상대방의 잘못으로 낙담
을 하거나 실망을 했을 때 유감을 표명하는 표현에는 That's too bad! / What
a pity! / What a shame! / What a disappointment! 등이 있다.

DAY

166 아쉬워할 때

〈could have + 과거분사〉는 '~할 수 있었을 텐데'라며 아쉬움을 표하
는 구문이다.

▶ 당신에게 그걸 보여 주고 싶었는데요.

You should have been there to see it.

유 슈드 햅 빈 데어 투 씨 잇

▶ 정말 집이 그리워.

I really miss home.

아이 륄리 미스 홈

▶ 그 사람이 실패하다니 정말 안됐군요.

It is a great pity that he failed.

잇 이져 그뤠잇 피리 댓 히 풰일ㄷ

▶ 그건 피할 수도 있었는데.

That could have been avoided.

댓 쿠드 햅 빈 어보이디ㄷ

▶ 영어공부를 좀 열심히 했더라면 좋았을 텐데.

I wish I had studied English harder.

아이 위시 아이 해드 스터디드 잉글리쉬 하더

Voca fail 실패하다 avoid 피하다

Part 4 감정 표현

DAY 167 후회할 때

regret은 '후회'라는 명사와 '후회하다'라는 동사의 의미를 모두 가지고 있다. 〈would have + p.p〉는 '~했을 텐데, ~할걸' 등으로 해석할 수 있는데, 과거에 대한 단순 후회나 유감을 표현하는 구문이다.

▶ 그에게 사과했어야 하는 건데.

I would have apologized to him.

아이 우드 햅 어폴로자이즈 투 힘

▶ 일을 저질러 놓고 보니 후회가 막심해요.

I feel awfully sorry for what I have done.

아이 휠 어훨리 쏘리 훠 와라이 햅 던

▶ 언젠가는 후회할 겁니다.

Someday you'll be sorry.

썸데이 유월 비 쏘리

▶ 나는 후회가 많이 남는다.

I have so many regrets.

아이 햅 쏘 매니 리그렛ㅊ

▶ 이젠 너무 늦었어.

It's too late now.

잇츠 투 레잇 나우

▶ 난 후회하지 않아.

I don't have any regrets.

아이 돈 햅 애니 리그렛ㅊ

Voca awfully 몹시 regret 후회, 후회하다

186

실망스러울 때

disappoint 역시 '실망스럽게 하다'라는 타동사이다. 내가 실망했으면 I'm disappointed.라고 수동태를 써 주어야 한다. 어떠한 사물이나 사실이 나에게 실망스러운 감정을 느끼게 했다면 현재분사형인 disappointing을 사용해야 한다. '실망'이라는 의미의 명사형은 disappointment이다.

▶ 참 실망스럽군!

What a disappointment!
와러 디써포인ㅌ먼ㅌ

▶ 참 안됐군!

What a pity!
와러 피리

▶ 그거 정말 실망스러운 일인데요.

That's very disappointing, (I must say).
댓츠 베리 디써포인팅 (아이 머슷 쎄이)

▶ 실망이야. 그 전시회를 정말 보고 싶었는데.

I am disappointed. I really wanted to see the exhibition.
아이 앰 디써포인티ㄷ 아이 륄리 원티ㄷ 투 씨 더 익써비션

▶ 나를 실망시키지 마세요.

Don't let me down.
돈 렛 미 다운

▶ 전 실망했습니다.

I'm disappointed.
아임 디써포인티ㄷ

Part 4 감정 표현

Voca pity 연민, 유감 exhibition 전시회 disappointed 실망한

DAY 169 낙담할 때

chin은 '턱'이다. Keep your chin up.은 너의 턱을 들어올리라는 뜻이니 기운을 내라고 위로하는 말이 된다. Keep your는 생략하여 Chin up.만 사용할 수도 있다. down은 '아래의'라는 의미의 부사로 주로 쓰이지만, 형용사로 사용되어 '우울한, 낙담한'이라는 의미를 표현할 수도 있다.

▶ 낙담하지 마세요.
Never say die.
네버 쎄이 다이

▶ 낙담하지 마라, 기운을 내라.
Keep your chin up.
킵 유어 취넙

▶ 그렇게 낙담하지 말게.
Don't be so down.
돈 비 쏘 다운

▶ 오죽이나 낙담했겠니.
I can well imagine your disappointment.
아이 캔 웰 이매진 유어 디써포인ㅌ먼ㅌ

▶ 그 소식에 우리는 낙담했어.
The news depressed us.
더 뉴스 디프레스더스

▶ 그는 시험에 떨어져서 낙담하고 있어.
He is discouraged by his failure in the examination.
히 이즈 디스커리지ㄷ 바이 히즈 훼일류어 인 디 이그재미네이션

Voca chin 턱 imagine 상상하다 discouraged 낙담한 failure 실패

I'm sorry.는 일반적으로 미안하다고 사과하는 말이지만, 유감을 표현할 때도 사용할 수 있다. 안 좋은 일을 겪은 사람에게 위로의 의미로 I'm so sorry.라고 말할 수 있다. I'm sorry만 듣고 무조건 사과하는 것이라고 생각하지 말고 문맥을 잘 파악하도록 한다.

▶ 대단히 유감입니다.

I am frightfully sorry.

아이 앰 후라잇훌리 쏘리

▶ 참으로 유감천만입니다.

I'm more than unhappy about it.

아임 모어 댄 언해피 어바우릿

▶ 유감스럽지만, 찬성합니다.

I hate to say it, but I agree.

아이 헤잇 투 쎄잇 벗 아이 어그뤼

▶ 유감스럽지만, 당신에게 동의할 수 없습니다.

I'm afraid I can't agree with you.

아임 어흐레이ㄷ 아이 캔ㅌ 어그뤼 위듀

▶ 유감스럽지만, 안 될 것 같군요.

I'm afraid not.

아임 어흐레이ㄷ 낫

▶ 유감스럽지만, 그건 사실입니다.

It is only too true.

잇 이즈 온리 투 트루

Part 4

감정 표현

Voca frightfully 대단히

상대가 바보 같은 행동을 했을 때는 That's not like you.(그건 당신답지 못하군요.) / Shame on you.(창피한 줄 아세요.) / It serves you right.(당해도 싸지.)라고 말하는 반면에 상대방에게 화내지 말라고 요청할 때는 Don't be angry. / Don't be upset. / Don't lose your temper. 등과 같이 표현하면 된다.

DAY 171 비난할 때

비난의 강도가 심한 경우 Have you lost mind?(당신 정신 나갔어요?) / You're an idiot.(당신은 바보로군요.) / You're insane.(당신 미쳤군요.) 등 여러 표현을 아울러 알아두도록 하자.

▶ 창피한 줄 아세요.

Shame on you.
쉐임 온 유

▶ 당신 정신 나갔어요?

Have you lost your mind?
해뷰 로스트 유어 마인드

▶ 당신은 바보로군요.

You're an idiot.
유어 런 이디엇ㅌ

▶ 당신 미쳤군요.

You're insane.
유어 인쎄인

▶ 왜 이런 식으로 행동하죠?

Why are you acting this way?
와이 아 유 액팅 디스 웨이

Voca idiot 바보 insane 미친, 제정신이 아닌

말싸움을 할 때

〈브링 잇 온〉이라는 유명한 영화가 있다. Bring it on!은 "덤벼!"라는 뜻으로 싸울 때 사용할 수 있는 말이다. 그 외에 말싸움을 할 때 사용할 수 있는 표현들을 좀 더 알아보면 You really blew it.(네가 완전히 망쳤어.) / How dare you say that to me?(어떻게 감히 나한테 그렇게 말할 수 있어?) / Don't you know how to do anything right?(당신 할 줄 아는 게 뭐예요?) 등이 있다.

▶ 너 내 말대로 해!
You heard me!
유 헐 미

▶ 이봐요! 목소리 좀 낮춰요!
Hey! Keep your voice down!
헤이! 킵 유어 보이스 다운

▶ 바보 같은 소리 하지 마세요.
Don't be silly.
돈 비 씰리

▶ 당신한테 따질 게 있어요.
I've got a score to settle with you.
아이브 가러 스코어 투 쎄를 위듀

▶ 너 두고 보자.
You won't get away with this.
유 원 게러웨이 윗 디스

▶ 내가 뭐가 틀렸다는 거야?
How am I at fault?
하우 앰 아이 앳 훨ㅌ

Part 4

감정 표현

Voca have a score to settle 풀어야 할 원한이 있다, 따질 것이 있다

DAY 173 욕설할 때

오늘 나오는 욕설들은 매우 거친 말로, 사용하지 않는 것이 좋다. 이런 표현이 있다는 것만 알아 두고 넘어가자. 욕을 하는 사람에게 욕하지 말라고 하고 싶을 때는 Don't call me names. / Won't you stop cursing all the time? 등의 표현을 사용한다.

▶ 제기랄!

Damn it!

대밋

▶ 개새끼!

Son of a bitch!

썬 어버 비취

▶ 엿 먹어라!

Bull shit!

뻘 쉿ㅌ

▶ 빌어먹을!

Devil take it!

데블 테이킷

▶ 야, 이 놈(년)아!

Fuck you!

훡 유

▶ 저런 바보 같으니!

That fool!

댓 훌

Voca damn 제기랄 devil 악마

192

out of one's mind는 '정신 나가다'라는 의미로 Are you out of mind? 라고 하면 "너 미쳤어? 너 정신 나갔어?"라고 책망하는 말이 된다. 상대방의 간섭이나 참견에 제동을 걸 경우에는 Stop it! / Cut it out! / That's enough already! / None of your business. 등의 표현을 사용한다.

▶ 다시는 절대 그러지 말게나.

You'll never do that again.

유월 네버 두 댓 어겐

▶ 그런 법이 어디 있어요?

How did you get that way?

하우 디쥬 겟 댓 웨이

▶ 행동으로 옮기든지, 입 다물고 있든지 해!

Put up or shut up!

푸럽 오어 셔럽

▶ 너희들 나머지도 다 마찬가지야.

The same goes for the rest of you.

더 쎄임 고우즈 훠 더 뤠슷ㅌ 어뷰

▶ 당신 정신 나갔어요?

Are you out of your mind?

아 유 아웃 어뷰어 마인드

▶ 그런 식으로 말하지 마세요.

Don't talk to me like that.

돈 톡 투 미 라익 댓

Part 4

감정 표현

Voca put up 세우다, 들어올리다 rest 나머지

화해할 때

make up은 화장을 의미하는 말로 주로 쓰이지만, '화해하다'라는 의미 역시 가지고 있다는 것을 기억해 두면 좋다. make up은 그 외에도 많은 의미를 가지고 있는데, '~을 이루다, ~을 구성하다, 채우다, 보상하다, 만들어 내다' 등의 의미로 자주 활용된다. 문맥에 맞게 잘 사용할 수 있도록 기억해 두자.

▶ 흥분하지 마세요.

Don't get excited.

돈 겟 익싸이티드

▶ 이제 됐어요!

Enough of this!

이넙 훠브 디스

▶ 싸움을 말리지 그랬어요?

Why didn't you break up the fight?

와이 디든츄 브레익컵 더 화잇ㅌ

▶ 진정하세요.

Keep your shirt on.

킵 유어 셔ㅊ온

▶ 두 사람 화해하세요.

Why don't you guys just make up?

와이 돈츄 가이즈 저슷 메이컵

▶ 그 일은 잊어버리세요.

Forget about it.

훠겟 어바우릿

Voca   keep one's shirt on 침착하다, 진정하다 forget 잊다

194

09 감탄과 칭찬

놀라거나 감탄을 할 때 Oh, no! / Oh, yeah! / Oh, my God! / Oh, dear! / Oh, really! 등과 같은 표현은 익숙할 것이다. 그밖에 놀라움을 나타내는 감탄사로써 Oops!(야단 났군!) / Eek!(앗!, 아이쿠!) / Ouch!(아얏!, 아파!) / Uh-oh!(아차!, 이런!) / Whew!(아휴!) / Yuck!(윽!) / Wow! / Good grief! / Yipes! / Well! 등이 있다. 칭찬을 할 때 는 How nice! / How lucky! 등과 같은 표현을 쓴다.

DAY 176 감탄의 기분을 나타낼 때

감탄문은 〈How + 형용사 (+ 주어 + 동사)〉 혹은 〈What + a(n) + 형용사 + 명사 (+주어 + 동사)〉 형태로 만든다.

▶ 와, 정말 아름답네요!
Wow, beautiful!
와우 뷰티훌

▶ 경치가 멋지네요!
What a lovely view!
와러 러블리 뷰

▶ 맛있네요!
Good!
굳

▶ 잘했어요!
Good job!
굳 잡

▶ 재미있네요!
How interesting!
하우 인터뤠스팅

Voca lovely 사랑스러운

DAY 177 칭찬할 때

칭찬할 때 쓸 수 있는 긍정적인 의미의 형용사로는 good, great, won-derful, marvelous, fantastic, awesome, excellent, nice 등이 있다. 칭찬하면서 '당신이 부러워요'라고 덧붙일 수 있는데, 이를 표현할 때는 I envy you.라고 한다.

▶ 대단하군요!
Great!
그뤠잇ㅌ

▶ 잘하시는군요!
You're doing well!
유어 두잉 웰

▶ 정말 훌륭하군요!
How marvelous!
하우 마블러스

▶ 잘한다!
Good man!
굳 맨

▶ 당신이 최고예요!
You're the best!
유어 더 베슷ㅌ

▶ 당신 평판이 대단하던데요.
Your reputation precedes you.
유어 레퓨테이션 프리씨쥬

Voca marvelous 놀라운 reputation 평판 precede 앞서다

196

DAY 178   성과를 칭찬할 때

영어로 칭찬을 할 때 약간의 과장은 괜찮지만 지나치게 치켜세우는 것은 금물이다. 가장 무난하면서도 어느 상황에나 잘 맞는 칭찬 표현은 Good job! / Well done! / That's great. 등이다. 길지 않으니 자주 활용하면서 익혀 보자.

▶ 대단하군요!

That's great!

댓츠 그뤠잇ㅌ

▶ 잘하셨어요!

You have done well!

유 햅 던 웰

▶ 참 잘하셨어요.

You did a good job.

유 디더 굿 잡

▶ 나는 당신이 자랑스럽습니다.

I am very proud of you.

아이 앰 베리 프라우드 어뷰

▶ 초보로서는 상당히 잘하는군요.

For a beginner, you're pretty good.

풔 러 비기너, 유어 프리디 굿

▶ 아주 잘하고 있어요.

You are coming along well.

유 아 커밍 얼롱 웰

Voca   well 만족스럽게, 잘   proud 자랑스러운   beginner 초심자

Part 4 감정 표현

197

be in one's shoes는 '~의 입장이 되다'이다. 따라서 I wish I were in your shoes.는 "당신의 입장이 되어 보고 싶네요."라는 의미가 된다. 동사 put을 사용할 때는 put oneself in one's shoes 형태로 사용한다.

▶ 기억력이 참 좋으시군요.
You have a very good memory.
유 해버 베리 굳 메모리

▶ 당신은 모르는 게 없군요.
You must be a walking encyclopedia.
유 머슷 비 어 워킹 엔싸이클로피디어

▶ 못하는 게 없으시군요.
Is there anything you can't do?
이즈 데어 애니씽 유 캔트 두

▶ 당신의 입장이 부럽습니다.
I wish I were in your shoes.
아이 위시 아이 워 인 유어 슈즈

▶ 어떻게 그렇게 영어를 잘하십니까?
How come you speak such good English?
하우 컴 유 스픽 써취 굳 잉글리쉬

▶ 영어를 참 잘하시는군요.
You speak English very well.
유 스픽 잉글리쉬 베리 웰

Voca encyclopedia 백과사전 be in one's shoes ~의 입장이 되다

외모를 칭찬할 때 쓸 수 있는 긍정적인 의미의 형용사들은 beautiful, pretty, young, cute, cool, sweet, stunning, lovely, fit 등이 있다. 날 씬하다고 얘기할 때는 형용사 slim을 사용해도 되지만, keep in shape 라는 표현을 사용할 수도 있다. keep in shape는 몸매를 유지하는 것 뿐 아니라 건강이나 체력, 상태를 유지하는 데에도 사용할 수 있는 말 이다.

▶ 멋있군요!
That's beautiful!
댓츠 뷰티훌

▶ 나이에 비해 젊어 보이시는군요.
You look young for your age.
유 룩 영 훠 유어 에이지

▶ 아이가 참 귀엽군요!
What a cute baby!
와러 큣 베이비

▶ 당신은 눈이 참 예쁘군요.
You have beautiful eyes.
유 햅 뷰티훌 아이즈

▶ 어머, 멋있군요!
Oh, that's cool[sweet/fly]!
오 댓츠 쿨[스윗ㅌ/흘라이]

▶ 그거 참 잘 어울립니다.
You look stunning in it.
유 룩 스터닝 이닛

Voca young 젊은 eye 눈 cool 멋진 stunning 굉장히 멋진

Part 4

감정 표현

good buy는 싸게 잘 샀다는 말로, good deal로도 사용된다. buy는 '사다, 매수하다, 얻다, 믿다' 등의 뜻을 가지고 있으며 명사로 사용될 때는 '구입, 물건' 등의 의미를 가진다. It's a real buy. 역시 "정말 잘 사신 겁니다, 정말 싸게 사신 거예요."라는 뜻을 가진 표현이다.

▶ 그거 잘 사셨군요.

That's a good buy.

댓쳐 굳 바이

▶ 그거 정말 좋은데요.

It's so very nice.

잇츠 쏘 베리 나이스

▶ 정말 근사한데요!

It's a real beauty!

잇쳐 뤼얼 뷰리

▶ 멋진 집을 갖고 계시군요.

You have a lovely home.

유 해버 러블리 홈

▶ 이거 당신이 직접 짜셨어요?

Did you knit this (for) yourself?

디쥬 닛 디스 (훠) 유어쎌ㅎ

Voca knit 뜨다, 짜다

200

상대방이 칭찬할 때 "과찬이십니다."라며 겸손을 표할 때는 동사 flat-
ter를 사용한다. You flatter me.라고 쓸 수도 있고, I'm flattered.라고
쓸 수도 있다. flatter는 '아첨하다, 칭찬하다, 실제보다 돋보이게 하다'
라는 의미를 가지고 있다.

▶ 칭찬해 주시니 고맙습니다.
Thank you, I'm flattered.
쌩큐 아임 흘래터드

▶ 과찬의 말씀입니다.
I'm so flattered.
아임 쏘 흘래터드

▶ 너무 치켜세우지 마세요.
Please don't sing my praises.
플리즈 돈 씽 마이 프레이지ㅅ

▶ 비행기 태우지 마세요.
Don't make me blush.
돈 메익 미 블러쉬

▶ 그렇게 말씀해 주시니 고맙습니다.
It's very nice of you to say so.
잇츠 베리 나이스 어뷰 투 쎄이 쏘

▶ 칭찬해 주시니 도리어 부끄럽습니다.
Your compliments put me to shame.
유어 컴플러먼ㅊ 풋 미 투 쉐임

Part 4
감정 표현

Voca be flattered 으쓱해지다 praise 칭찬 compliment 칭찬

201

shy는 주로 성격이 수줍음이 많은 것을 의미한다면 ashamed는 잘못된 행동으로 창피해하거나 수치스러워하는 것을 의미한다. 아주 심각하거나 중요한 일이 아니라면 ashamed는 가급적 쓰지 않는 것이 좋다. bashful은 shy와 비슷한 의미로 '부끄러운, 수줍음을 타는'이라는 뜻이다.

▶ 부끄러워.
I'm shy.
아임 샤이

▶ 나 자신이 부끄러워.
I'm ashamed of myself.
아임 어쉐임드 어브 마이쎌ㅎ

▶ 그런 짓을 한 게 부끄럽습니다.
I'm ashamed that I did that.
아임 어쉐임드 댓 아이 디드 댓

▶ 창피한 줄 알아요!
Shame on you!
쉐임 온 유

▶ 그 말씀을 들으니 얼굴이 붉어집니다.
You make me blush.
유 메익 미 블러쉬

Voca shy 수줍은 ashamed 창피한 blush 얼굴을 붉히다

Chapter 10 좋고 싫음을 나타낼 때

단지 자신이 하고 싶은 것을 말할 때는 I feel like -ing ~라는 문형을 사용한다는 사실을 잊지 않도록 하자. Do you like jazz?처럼 '좋아하다'는 표현은 like, love, prefer, enjoy 등의 동사를 써서 나타낼 수 있고, 그 반대로 '싫어하다'는 hate, dislike, don't like 등의 동사를 쓸 수 있다. 그 강도가 센 경우 I'm crazy about Internet games.처럼 '빠져 있다, 열광적이다'로 표현할 수 있다.

DAY 184 좋고 싫음을 물을 때

상대방에게 어떤 것을 좋아하는지 그 여부를 물을 경우에는 What kind of ~ do you like?라는 문형을 즐겨 사용한다.

▶ 어떤 TV프로를 좋아하세요?
What kind of TV programs do you like?
왓 카인더브 티비 프로그램ㅅ 두 유 라익

▶ 어떤 종류의 영화를 좋아하세요?
What sort of movies do you like?
왓 쏠터브 무비즈 두 유 라익

▶ 재즈를 좋아하세요?
Do you like jazz?
두 유 라익 째즈

▶ 어느 프로그램을 가장 좋아합니까?
Which program do you enjoy the most?
위치 프로그램 두 유 인죠이 더 모슷ㅌ

▶ 어떤 날씨를 좋아하세요?
What kind of weather do you like?
왓 카인더브 웨더 두 유 라익

Voca what kind of 어떤 종류의　what sort of 어떤 종류의

203

DAY 185 좋아하는 것을 말할 때

'~을 좋아한다'는 가장 기본적인 문형은 I like~이다. 자신이 하고 싶은 것을 말할 때는 I feel like -ing라는 문형을 사용하며, 비교의 뜻을 넣어 어떤 것을 선호한다는 말을 하고 싶다면 prefer를 사용한다.

▶ 나는 음악 비디오를 굉장히 좋아합니다.
I like music videos a lot.
아이 라익 뮤직 비디오ㅅ 어 랏

▶ 나는 수영장에서 수영하는 것을 좋아합니다.
I like swimming in the pool.
아이 라익 스위밍 인 더 풀

▶ 나는 춤추러 가는 것을 좋아합니다.
I love to go dancing.
아이 럽 투 고 댄싱

▶ 나는 음악을 좋아합니다.
I love music.
아이 럽 뮤직

▶ 그는 내가 특히 좋아하는 사람 중의 한 사람입니다.
He's one of my favorites.
히즈 워너브 마이 훼이버릿ㅊ

▶ 나는 비디오게임에 열광적입니다.
I'm crazy about video games.
아임 크레이지 어바웃 비디오 게임ㅅ

Voca swim 수영하다 dance 춤추다

DAY 186 싫어하는 것을 말할 때

뜻이 비슷한 dislike와 don't like를 비교하면 dislike가 좀 더 격식 표현에 가깝고, 일상적인 대화에서는 don't like를 많이 사용한다. can't stand 역시 참을 수 없을 정도로 싫다는 의미로 비격식적인 상황에서 많이 사용된다. hate는 앞의 단어들보다는 좀 더 강한 정도로 몹시 싫어하거나 증오한다는 의미일 때 사용한다.

▶ 나는 춤추는 것을 몹시 싫어합니다.
I hate to dance.
아이 헤잇 투 댄스

▶ 나는 이런 종류의 음식이 싫습니다.
I dislike this kind of food.
아이 디스라익 디스 카인더브 후드

▶ 나는 파티를 좋아하지 않습니다.
I don't like parties.
아이 돈 라익 파티ㅅ

▶ 나는 이런 더운 날씨가 참을 수 없을 만큼 싫습니다.
I can't stand this hot weather.
아이 캔ㅌ 스탠드 디스 핫 웨더

▶ 그다지 좋아하지는 않아요.
I don't like it very much.
아이 돈 라이킷 베리 머취

▶ 나는 팝 음악을 싫어해.
I don't like pop music.
아이 돈 라익 팝 뮤직

Part 4 감정 표현

Voca dislike 싫어하다 can't stand 참을 수 없다

선반 rack 랙

통로 aisle 아일

조명 light 라잇

창 window 윈도우

좌석
seat 싯

구명조끼 life jacket 라이프 재킷

스튜어디스
stewardess 스튜어디스

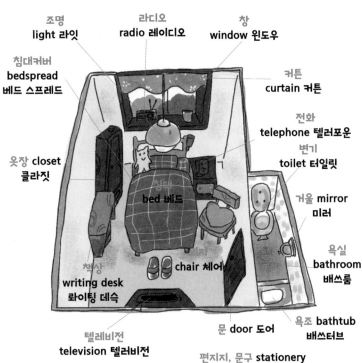

조명
light 라잇

라디오
radio 레이디오

창
window 윈도우

침대커버
bedspread
베드 스프레드

커튼
curtain 커튼

전화
telephone 텔러포운

변기
toilet 터일릿

옷장 closet
클라짓

거울 mirror
미러

bed 베드

욕실
bathroom
배쓰룸

책상
writing desk
롸이팅 데슥

chair 체어

욕조 bathtub
배쓰터브

텔레비전
television 텔러비전

문 door 도어

편지지, 문구 stationery
스테이셔너리

사교 표현

상호간에 서로 밀접한 사이라면 약속이나 방문, 초대 등 다양하게 교류활동을 하게 될 것이다. 이 럴 경우에는 상대방을 배려하는 마음이 무엇보 다 중요하다.

약속을 정할 때는 Do you have any appointments tomorrow?(내일 약속 있으세요?)라고도 할 수 있고 친한 사이에 Let's get together sometime.(언제 한번 만나요.)라고도 쓸 수 있다. 약속 시간에 늦지 않도록 서두르라고 할 때는 Make it snappy! / Step on it! / Snap to it. 따위와 같은 표현을 활용하자.

DAY 187 약속을 청할 때

시간이 있냐고 물어볼 때 많이 쓰이는 표현 중에 하나가 Do you have time?이다. Do you have the time?(몇 시입니까?)은 시간을 묻는 표현이므로 유의해야 한다.

▶ 시간 좀 있어요?

Do you have time?

두 유 햅 타임

▶ 잠깐 만날 수 있을까요?

Can I see you for a moment?

캔 아이 씨 유 풔 러 모먼ㅌ

▶ 내일 한번 만날까요?

Do you want to get together tomorrow?

두 유 원 투 겟 투게더 투마로우

▶ 언제 한번 만나요.

Let's get together sometime.

렛츠 겟 투게더 썸타임

▶ 다음 주 편하신 시간에 만날 약속을 하고 싶습니다.

I'd like to make an appointment to meet you at your convenience next week.

아이드 라익 투 메이컨 어포인ㅌ먼ㅌ 투 미츄 엣 유어 컨비년스 넥슷ㅌ 윜

Voca get together 만나다 convenience 편의, 편리

make it은 '성공하다, 해내다, 이겨내다' 등의 의미가 있지만 '시간에 맞춰 가다, 모임에 참석하다'라는 의미도 있어 일정을 확인하고 약속할 때 자주 사용되는 표현이다. 참고로 make it 뒤에 전치사 with가 사용되면 '~와 관계를 갖다'라는 뜻이 된다.

▶ 이번 주 스케줄을 확인해 보겠습니다.
I'll check my schedule for this week.
아윌 췍 마이 스케쥴 훠 디스 윅ㅋ

▶ 다음 주쯤으로 약속할 수 있습니다.
I can make it sometime next week.
아이 캔 메이킷 썸타임 넥슷ㅌ 윅ㅋ

▶ 그날은 약속이 없습니다.
I have no engagements that day.
아이 햅 노 인게이지먼ㅊ 댓 데이

▶ 오늘 오후는 한가합니다.
I'm free this afternoon.
아임 흐리 디스 애흐터눈

▶ 3시 이후 2시간 정도 시간이 있습니다.
I'm free for about two hours after 3.
아임 흐리 훠 어바웃 투 아우얼ㅅ 애흐터 쓰리

▶ 내일은 특별하게 정해 놓은 일이 없습니다.
I have nothing in particular to do tomorrow.
아이 햅 나씽 인 파티큘러 투 두 투마로우

Voca engagement 약속

약속을 정할 때 〈의문사 + can we meet?〉 형태로 시간이나 장소를 묻는 말을 간단히 만들 수 있다. When can we meet?은 "언제 만날까요?"이며, Where can we meet?은 "어디서 만날까요?"이다.

▶ 몇 시로 했으면 좋겠어요?

What time is good for you?
왓 타임 이즈 굳 풔 유

▶ 몇 시로 약속하겠습니까?

What time shall we make it?
왓 타임 쉘 위 메이킷

▶ 3시는 괜찮겠습니까?

Is three o'clock OK for you?
이즈 쓰리 어클락 오케이 풔 유

▶ 언제 만나면 될까요?

When can we meet?
웬 캔 위 밋

▶ 언제가 가장 좋을까요?

What day suits you best?
왓 데이 숫 츄 베슷ㅌ

▶ 화요일이라면 괜찮으십니까?

Would Tuesday be all right?
우드 튜즈데이 비 올 롸잇

Voca suit ~에 편리하다, 맞다

It's up to you.는 어떤 사항을 정할 때 너의 결정에 따르겠다는 의미로 자주 사용되는 표현이다. 또한 '너 하기 나름이다, 너에게 달려 있다'라는 의미로도 쓰인다. up to만 쓰일 때에는 '~까지'라는 의미를 나타내기도 한다.

▶ 어디서 만날까요?

Where should we make it?

웨어 슈드 위 메이킷

▶ 어디서 만나기로 할까요?

Where can you make it?

웨어 캔 유 메이킷

▶ 거기가 만나기에 괜찮은 곳이네요.

That's a good place to get together.

댓츠 어 굳 플레이스 투 겟 투게더

▶ 당신을 방문할까요?

Shall I call on you?

쉘 아이 콜 온 유

▶ 이곳으로 올 수 있습니까?

Can you come here?

캔 유 컴 히어

▶ 당신이 하자는 대로 할게요.

It's up to you.

잇츠 업 투 유

Part 5 사교 표현

Voca place 장소 be up to ~가 결정할 일이다

211

DAY 191 약속 제안에 승낙할 때

free는 '자유로운, 매여 있지 않은'이라는 뜻이다. 약속을 잡기 위한 표현 중에 간단하게 Are you free this weekend?라고 하면 이번 주말에 시간이 있냐고 물어보는 것이다. 이에 대한 대답으로 I'm free.라고 하면 '한가하다, 시간이 있다'라는 의미가 된다.

▶ 좋아요, 시간 괜찮아요.
Yeah, I'm free.
예 아임 후리

▶ 이번 주말엔 별다른 계획이 없어요.
I have no particular plans for this weekend.
아이 햅 노 퍼티큘러 플랜ㅅ 훠 디스 위켄ㄷ

▶ 어느 정도 시간을 주시겠습니까?
How long could you give me?
하우 롱 쿠쥬 깁 미

▶ 감사합니다. 그 시간에 그곳으로 가겠습니다.
Thanks. I'll be there then.
쌩즈 아윌 비 데어 덴

▶ 그럼 그때 만납시다. 안녕.
See you then. Bye.
씨 유 덴 바이

Voca particular 특정한, 특별한 then 그때

212

a little은 '약간'이라는 의미로 a bit과 같은 의미이다. a little은 셀 수 없는 것을 수식하며, 셀 수 있는 명사를 수식할 때는 a few를 사용한다. a 없이 little이나 few만 있을 때는 '거의 없는, 적은'이라는 부정적인 의미로 쓰인다.

▶ 미안해요, 제가 오늘 좀 바빠서요.

I'm sorry, I'm a little busy today.

아임 쏘리 아이머 리를 비지 투데이

▶ 오늘 손님이 오기로 돼 있어요.

I'm expecting visitors today.

아임 익스펙팅 비짓터ㅅ 투데이

▶ 미안해요, 제가 오늘은 스케줄이 꽉 차 있어요.

I'm sorry, I'm booked up today.

아임 쏘리 아임 북ㅌ 업 투데이

▶ 선약이 있습니다.

I have an appointment.

아이 해번 어포인ㅌ먼ㅌ

▶ 죄송한데 다른 약속이 있습니다.

I'm sorry I have another appointment.

아임 쏘리 아이 햅 어나더 어포인ㅌ먼ㅌ

▶ 정말 죄송합니다! 선약이 있습니다.

Oh, what a shame! We have a previous engagement.

오 와러 쉐임 위 해버 프리비어스 인게이지먼ㅌ

Part 5 사교 표현

Voca visitor 손님, 방문자 previous 이전의

DAY 193 약속을 변경할 때

 rain check은 비가 와서 경기 등이 취소되었을 때 다음에 쓸 수 있도록 주는 교환권을 의미하며, '연기하다, 다음으로 미루다'라고 말할 때 take a rain check라고 한다. 미뤄도 되겠냐고 상대에게 물어볼 때는 Can you give me a rain check?라고 표현할 수도 있다.

▶ 한 시간만 뒤로 미룹시다.

Let's push it back an hour.

렛츠 푸쉬 잇 배건 아우어

▶ 다음 기회로 미뤄도 될까요?

Can I take a rain check?

캔 아이 테이커 뤠인 췍

▶ 다음으로 미룹시다.

Let's make it some other time.

렛츠 메이킷 썸 아더 타임

▶ 약속시간을 좀 당기면 어떨까요?

Why don't you make it a little earlier?

와이 돈츄 메이킷 어 리를 얼리어

▶ 제 약속을 연기해야겠습니다.

I have to postpone my appointment.

아이 햅 투 포스트폰 마이 어포인트먼트

▶ 우리 약속 장소 바꿀 수 있을까요?

Can we change the place of our appointment?

캔 위 체인지 더 플레이스 업 아워 어포인트먼트

Voca push back 미루다 postpone 연기하다

214

'취소하다'라는 의미를 가진 대표적인 단어는 cancel이다. cancel은 앞에 강세를 두고 [캐앤설]처럼 발음한다. 명사형은 cancellation이다. call off 역시 '취소하다'라는 의미의 숙어이다.

▶ 약속을 취소해야겠어요.

I have to cancel.
아이 햅 투 캔슬

▶ 약속을 지키지 못한 걸 용서해 주세요.

Please forgive me for breaking my promise.
플리즈 훠깁 미 훠 브레이킹 마이 프라미스

▶ 약속에 못 나갈 것 같아요.

I'm not going to be able to make it.
아임 낫 고잉 투 비 에이블 투 메이킷

▶ 약속을 취소해도 될까요?

Can I call off the appointment?
캔 아이 콜 엎 더 어포인ㅌ먼ㅌ

▶ 사정이 생겨서 내일 찾아 뵐 수 없게 되었습니다.

A problem has come up, and I can't come to see you tomorrow.
어 프라블럼 해즈 컴 업 앤 아이 캔ㅌ 컴 투 씨 유 투마로우

▶ 우리 약속시간을 변경할 수 있나요?

Can we reschedule our appointment?
캔 위 리스케쥴 아우어 어포인ㅌ먼ㅌ

Part 5 사교 표현

Voca cancel 취소하다 call off 중지하다, 취소하다

DAY 195 기타 약속에 관한 표현

우리나라에서 약속을 할 때 새끼손가락을 거는 것처럼 영어에서도 새끼손가락을 걸고 약속하자는 말이 있는데, 새끼손가락을 의미하는 pinky를 사용하여 pinky-swear라고 한다. pinky-promise도 가능하다.

▶ 새끼손가락 걸고 약속하자.
Let's pinky-swear.
렛츠 핑키 스웨어

▶ 나는 약속을 잘 지키는 사람이야.
I am as good as my word.
아이 앰 애즈 굳 애즈 마이 워드

▶ 약속 어기지 마라.
Don't break your promise.
돈 브레익ㅋ 유어 프라미스

▶ 너는 무슨 일이 있어도 약속을 지켜야 한다.
You must keep your promise at all costs.
ㅊ유 머슷 킵 유어 프라미스 앳 올 코슷ㅊ

▶ 약속합시다, 날짜를 정합시다.
Let's make a pledge.
렛츠 메이커 플리지

▶ 기다리게 해서 죄송합니다.
Sorry to have kept you waiting.
쏘리 투 햅 켑츄 웨이링

Voca as good as one's word 반드시 약속을 지키는 pledge 약속, 서약

상대방의 의향을 묻는 표현에는 Would you come~? / Could you come~? / Why don't you~? 따위와 같은 패턴 문형을 활용한다. 초대를 받은 사람은 Thank you for inviting me.라는 인사말을 잊지 말도록 하자. 초대할 때의 일반적인 표현 I'd like to invite you to dinner.(당신을 초대해 저녁식사를 하고 싶습니다.)를 비롯하여, 초대를 받아들이거나 거절할 때의 표현을 익혀두어야 한다.

DAY

196 초대할 때

'초대하다'라는 동사는 invite이며, 명사는 invitation이다.

▶ 놀러 오십시오.

Come and see me.

컴 앤 씨 미

▶ 언제 한번 들러 주시지 않겠습니까?

Why don't you drop in sometime?

와이 돈츄 드롸빈 썸타임

▶ 파티에 오시지 그러세요?

Why don't you come to the party?

와이 돈츄 컴 투 더 파리

▶ 제 생일 파티에 당신을 초대하고 싶습니다.

I'd like to invite you to my birthday.

아이드 라익 투 인바잇츄 투 마이 벌쓰데이

▶ 당신을 초대해 저녁식사를 하고 싶습니다.

I'd like to invite you to dinner.

아이드 라익 투 인바잇츄 투 디너

Voca drop in 잠깐 들르다 invite 초대하다

Part 5 사교 표현

상대의 제안이나 초대에 응할 때 '네, 좋습니다.'라고 간단히 말할 수 있는 문장들로는 Thank you. I'd love to. / Thank you. I will. / I'd like to. / Sounds good. / I'd be glad to come. / I accept your invitation with great pleasure. / That's very kind of you. I'd love to. 등이 있다.

▶ 예, 좋습니다.

Yes, with pleasure.
예스 위드 플레져

▶ 좋은 생각이에요.

That's a good idea.
댓쳐 굳 아이디어

▶ 기꺼이 그렇게 하겠습니다.

I'd be happy to.
아이드 비 해피 투

▶ 그거 아주 좋겠는데요.

That sounds great.
댓 사운즈 그뤠잇ㅌ

▶ 멋진데요.

Sounds good.
사운즈 굳

▶ 저는 좋습니다.

That's fine with me.
댓츠 화인 위드 미

Voca with pleasure 좋습니다(정중한 승낙)

초대를 거절할 때 쓸 수 있는 표현들로는 I'm sorry. but I can't. / I'm sorry, I'd rather not. / I'm afraid I won't be able to come. / I'm not really in the mood. 등이 있다. can't는 [캐애앤트]라고 말하는 기분으로 발음한다.

▶ 죄송하지만, 그럴 수 없습니다.

I'm sorry, but I can't.
아임 쏘리 벗 아이 캔ㅌ

▶ 죄송하지만, 그럴 수 없을 것 같군요.

I'm sorry, but I don't think I can.
아임 쏘리 벗 아이 돈 씽ㅋ 아이 캔

▶ 죄송하지만, 해야 할 일이 있습니다.

Sorry, but I have some work to do.
쏘리 벗 아이 햅 썸 웍 투 두

▶ 유감스럽지만 안 될 것 같군요.

I'm afraid not.
아임 어흐레이ㄷ 낫

▶ 그럴 수 있다면 좋겠군요.

I wish I could.
아이 위시 아이 쿠드

▶ 그러고 싶지만 오늘 밤은 이미 계획이 있습니다.

I'd love to, but I already have plans tonight.
아이드 럽 투 벗 아이 얼레디 햅 플랜스 투나잇

Part 5 사교 표현

Voca work 일 wish ~라면 좋겠다

03 방문

가정이나 사무실로 손님이 방문하였을 때 '어서 오세요.'라는 인사말은 흔히 Please come on in. / Welcome! / May I help you?라고 표현하면 되며, 방문을 환영할 때는 Welcome home!을 쓰면 된다. 초대받은 방문객은 Thank you for inviting me.(초대해 줘서 고맙습니다.)로 응답하면 적절하다. 대개 서양인들은 타인의 집을 방문하거나 파티에 초대되어 갈 경우에 뭐라도 들고 가는 것이 몸에 배어 있다.

DAY 199 현관에서

방문객을 맞이하면서 We are so glad you could come.(잘 오셨습니다.)라고 인사를 한다. 신발을 현관에 벗게 하고 Please put on the slippers.(슬리퍼를 신으십시오.)라고 권하고, This way, please.(이쪽으로 오세요.)라고 거실로 안내한다.

▶ 우리를 초대해 주어서 고맙습니다.

Thank you for inviting us.
쌩큐 풔 인바이링 어스

▶ 여기 조그만 선물입니다.

Here's something for you.
히얼즈 썸씽 풔 유

▶ 어서 들어오십시오.

Please come in.
플리즈 커민

▶ 잘 오셨습니다.

It was so nice of you to come.
잇 워즈 쏘 나이스 어뷰 투 컴

▶ 이쪽으로 오시죠.

Why don't you come this way?
와이 돈츄 컴 디스 웨이

Voca invite 초대하다

방문객을 대접할 때

Help yourself.는 음식을 권할 때 가장 흔히 사용되는 말로 '마음껏 드세요.'라는 의미이다. 또는 〈Do you want some + 음식?〉의 형태로 음식을 권하기도 한다. 이럴 때 Yes, please.라고 대답할 수도 있고, No, thanks.라고 거절할 수도 있다.

▶ 뭐 좀 마시겠습니까?

Would you like something to drink?

우쥬 라익 썸씽 투 드링ㅋ

▶ 과자라도 드십시오.

Please help yourself to the cookies.

플리즈 헬ㅍ 유어쎌ㅎ 투 더 쿠키즈

▶ 케이크를 좀 더 드시겠습니까?

Would you like some more cake?

우쥬 라익 썸 모어 케익

▶ 저녁식사로 불고기를 준비하고 있습니다.

We're having bulgogi for dinner.

위어 해빙 불고기 훠 디너

▶ 저녁식사 준비가 되었습니다.

Dinner is ready.

디너 이즈 뤠디

▶ 자, 드십시오.

Please help yourself.

플리즈 헬ㅍ 유어쎌ㅎ

Voca help yourself 마음껏 드세요 dinner 저녁식사

DAY 201 방문을 마칠 때

자리에서 일어날 때 I think I should be going now. / I have to go now. / I must be going now. / I'm sorry, but I've got to be on my way 등의 말이 주로 쓰인다. I really enjoyed the meal.(식사 정말로 잘 했습니다.) / I really had a pleasant evening.(오늘 저녁 정말 즐거 웠습니다.) 등의 인사말도 잊지 않도록 한다.

▶ 가 봐야겠어요.

I guess I'll leave.

아이 게스 아윌 리브

▶ 떠나려고 하니 아쉽습니다.

I'm sorry that I have to go.

아임 쏘리 댓 아이 햅 투 고

▶ 그럼, 저 가 볼게요.

Well, I'd better be on my way.

웰 아이드 베러 비 온 마이 웨이

▶ 가 봐야 할 것 같네요.

(I'm afraid) I have to go now.

(아임 어흐레이드) 아이 햅 투 고 나우

▶ 이제 일어서는 게 좋을 것 같네요.

I'm afraid I'd better be leaving.

아임 어흐레이드 아이드 베러 비 리빙

▶ 너무 늦은 것 같군요.

I'm afraid I stayed too long.

아임 어흐레이드 아이 스테이드 투 롱

Voca be on one's way 길을 떠나다 too 너무

222

방문을 마치고 돌아가는 사람들에게 감사 인사(Thank you.)와 오늘 어땠는지 물어보는 말(Did you have fun tonight?)을 하고, 사람들을 보내면서 조심해서 돌아가라는 의미로 Take care on the way home. 이라고 말하는 것도 잊지 말자.

▶ 방문해 주셔서 고맙습니다.

Thank you for coming.

쌩큐 풔 커밍

▶ 지금 가신다는 말입니까?

Do you mean you're going now?

두 유 민 유어 고잉 나우

▶ 저녁 드시고 가시지 않으시겠어요?

Won't you stay for dinner?

원 츄 스테이 풔 디너

▶ 오늘 밤 재미있었어요?

Did you have fun tonight?

디쥬 햅 풘 투나잇

▶ 오늘 즐거우셨어요?

Did you have a good time today?

디쥬 해버 굳 타임 투데이

▶ 다시 만날 수 있을까요?

Can we meet again?

캔 위 밋 어겐

Part 5 사교 표현

Voca won't ~하지 않을 것이다(will not의 축약형)

Chapter 04 식사를 할 때

Let's go out for lunch.(점심 식사하러 나갑시다.) / Let's go out for a snack.(뭐 간단히 먹으러 나갑시다.)라는 표현을 사용한다. 일반적으로 계산할 때의 표현은 It's on me.(제가 살게요.) / Let me treat you to lunch.(제가 점심을 대접하겠습니다.) 등 이 활용되며, 동료나 친한 사람에게는 treat를 써서 I'll treat you to a drink.(제가 한잔 사겠습니다.)라고 하면 된다.

DAY 203 식사를 제의할 때

eat out은 '외식하다'이다. 연음되어 [이라웃]처럼 발음한다.

▶ 우리 점심 식사나 같이할까요?

Shall we have lunch together?

쉘 위 햅 런치 투게더

▶ 저녁 식사 같이하시겠어요?

Would you join me for dinner today?

우쥬 조인 미 훠 디너 투데이

▶ 저녁 식사하러 오세요.

Come on, dinner's ready.

컴 온, 디널스 뤠디

▶ 오늘 저녁에 외식하자.

Let's eat out tonight.

렛츠 이다웃 투나잇

▶ 같이 식사를 할 수 있도록 일찍 오세요.

Come home early, so that we can eat dinner together.

컴 홈 얼리, 쏘 댓 위 캔 잇 디너 투게더

Voca eat out 외식하다 early 일찍

treat은 '대하다, 취급하다'라는 뜻인데 식사하는 데 있어서는 '대접하다, 한턱 쏘다'라는 의미로 사용된다. 예문으로는 Let me treat you to lunch.(제가 점심을 대접할게요.) / I'd like to treat you to something special.(당신에게 특별히 한턱 낼게요.) 등이 있다.

▶ 자 갑시다! 제가 살게요.
Come on! It's on me.
컴 온 잇츠 온 미

▶ 제가 점심을 대접하겠습니다.
Let me treat you to lunch.
렛 미 트릿ㅌ 유 투 런치

▶ 걱정 마, 내가 살게.
Don't worry about it. I'll get it.
돈 워리 어바우릿. 아윌 게릿

▶ 오늘 저녁을 제가 사겠습니다.
Let me take you to dinner tonight.
렛 미 테익 유 투 디너 투나잇

▶ 제가 한잔 사겠습니다.
I'll treat you to a drink.
아윌 트릿ㅌ 유 투 어 드링크

▶ 제가 접대하게 해 주십시오.
Please be my guest.
플리즈 비 마이 게슷ㅌ

Voca treat 대접하다, 취급하다

care for는 '~을 돌보다'라는 의미이지만, 음식을 권유할 때 Would you care for~?라고 하면 '~을 드시겠어요?'라는 의미로 사용된다. I don't care for anything.이라고 하면 '아무것도 먹고 싶지 않아요.' 가 된다.

▶ 식사 전에 손을 씻어라.

Wash your hands before eating.

워시 유어 핸즈 비훠 이링

▶ 저녁으로 불고기를 마련했습니다.

We're having bulgogi for dinner.

위어 해빙 불고기 훠 디너

▶ 마음껏 드십시오.

Please help yourself.

플리즈 헬ㅍ 유어쎌ㅎ

▶ 고기를 좀 더 드시겠어요?

Care for some more meat?

케어 훠 썸 모어 밑

▶ 좋아하지 않으신다면 남기십시오.

If you don't like it, just leave it.

이퓨 돈 라이킷, 저슷 리빗

▶ 필요한 게 있으시면 말씀해 주십시오.

Let me know if you need anything.

렛 미 노우 이퓨 니드 애니씽

Voca wash 씻다 meat 고기

배가 부르다고 말할 때는 full을 사용하여 I'm full.이라고 간단히 표현할 수 있다. 비격식 표현으로는 stuffed라는 단어를 사용하기도 한다. stuffed는 '잔뜩 먹은, 배가 부른, 가득 찬' 등의 의미를 가지고 있다.

▶ 잘 먹었습니다.
I've had enough.
아이브 해드 이넙ㅎ

▶ 잘 먹었습니다, 감사합니다.
I'm satisfied, thank you.
아임 쌔디스화이드, 쌩큐

▶ 배가 부릅니다.
I'm full.
아임 훌

▶ 훌륭한 식사였습니다.
That was an excellent dinner.
댓 워전 엑설런ㅌ 디너

▶ 정말 맛있는 저녁을 먹었습니다.
I thoroughly enjoyed that dinner.
아이 쓰롤리 인죠이드 댓 디너

▶ 저녁 식사 아주 맛있게 먹었습니다.
I enjoyed the dinner very much.
아이 인죠이드 더 디너 베리 머취

Part 5 시교 표현

Voca satisfied 만족하는 thoroughly 대단히, 철저히 excellent 훌륭한

prefer는 '선호하다'라는 의미로, 비교의 의미가 있기 때문에 뒤에 선택지 A or B를 제시해 주는 경우가 많다. '~보다 선호하다'라고 말할 때는 전치사 than이 아닌 to를 사용한다. I prefer tea to coffee.라고 하면 "저는 커피보다는 차를 좋아해요."가 된다.

▶ 저녁 식사 후에 커피를 마시겠습니다.

I'll have coffee after dinner.

아월 햅 커피 애흐터 디너

▶ 커피와 홍차 중 어느 쪽이 좋으십니까?

Which would you prefer, tea or coffee?

위치 우쥬 프리훠 티 오어 커피

▶ 커피에 설탕이나 크림을 넣어 드릴까요?

How would you like your coffee, with sugar or cream?

하우 우쥬 라이큐어 커피 위드 슈거 오어 크림

▶ 커피를 좀 더 드시겠습니까?

Would you like some more coffee?

우쥬 라익 썸 모어 커피

▶ 크림과 설탕을 넣어 주십시오.

With cream and sugar, please.

위드 크림 앤 슈거 플리즈

▶ 크림만 넣어 주십시오.

Just cream, please.

저슷ㅌ 크림 플리즈

Voca sugar 설탕

drink는 명사로 '음료, 마실 것, 술'이라는 뜻도 있고, 동사로 '마시다'라는 뜻도 있다. 술만을 지칭하는 것이 아니라는 것을 기억해 두면 좋다. '취한'이라는 의미로는 drink의 과거분사형인 drunken을 사용한다. drink는 [드링] 뒤에 살짝 [ㅋ] 소리를 내며 마무리하는 식으로 발음한다.

▶ 술 한잔하시겠어요?
Would you care for a drink?
우쥬 케어 훠 러 드링ㅋ

▶ 오늘 밤 한잔하시죠?
How about having a drink tonight?
하우 어바웃 해빙 어 드링ㅋ 투나잇

▶ 한잔 사고 싶은데요.
Let me buy you a drink.
렛 미 바이 유 어 드링크

▶ 술 마시는 걸 좋아하세요?
Do you like to drink?
두 유 라익 투 드링크

▶ 저희 집에 가서 한잔합시다.
Let's go have a drink at my place.
렛츠 고우 해버 드링ㅋ 앳 마이 플레이스

▶ 술은 어때요?
How about something hard?
하우 어바웃 썸씽 할ㄷ

Part 5 사교 표현

Voca drink 마시다, 술

DAY 209 건배를 할 때

cheer는 힘내라고 응원하거나 격려할 때 사용되는 Cheer up!과 건배할 때 대표적으로 사용되는 Cheers! 두 가지를 기억해 두면 좋다. toast는 우리가 흔히 자주 접하는 빵의 종류인 토스트로만 기억하기 쉽지만, '건배, 건배하다'라는 의미도 함께 가지고 있다는 것을 알아 두자.

▶ 건배합시다!

Let's have a toast!

렛츠 해버 토숫ㅌ

▶ 건배!

Cheers!

취얼ㅅ

▶ 당신을 위하여! 건배!

Here's to you! Cheers!

히얼ㅅ 투 유 취얼ㅅ

▶ 건배!(행운을 빕니다!)

Happy landings!

해피 랜딩ㅅ

▶ 우리들의 건강을 위해!

To our health!

투 아우어 헬쓰

▶ 여러분 모두의 행복을 위해!

To happiness for all of you!

투 해피니즈 훠 얼 어뷰

Voca toast 건배

Bill, please.는 Check, please. / I'd like the check, please.로도 사용할 수 있다. "거스름돈은 가지세요."는 Keep the change. 혹은 Keep your change.라고 표현한다. change는 '변하다, 바꾸다'라는 의미 외에 '잔돈, 거스름돈'이라는 의미도 함께 가지고 있다.

▶ 어디서 계산하나요?

Where shall I pay the bill?

웨어 쉘 아이 페이 더 빌

▶ 계산해 주세요.

Bill, please.

빌 플리즈

▶ 전부해서 얼마입니까?

How much is it altogether?

하우 머취 이짓 얼투게더

▶ 따로 지불하고 싶은데요.

Separate checks, please.

쎄퍼레잇 첵ㅅ 플리즈

▶ 계산이 틀린 것 같습니다.

I'm afraid the check is wrong.

아임 어흐레이드 더 췍 이즈 롱

▶ 영수증을 주세요.

May I have the receipt, please?

메이 아이 햅 더 리씻 플리즈

Part 5 사교 표현

Voca bill 계산서 altogether 모두 합해 receipt 영수증

전화를 바꿔 달라고 부탁할 때는 May I speak to~, please?(~와 이야기를 해도 되겠습니까?)라고 말하며, 다소 정중하게 표현하면 I'd like speak to~, please?(~와 이야기하고 싶습니다만)와 같이 표현하면 된다. 당사자가 전화를 받지 못했다거나 부재중일 때 메시지를 남길 경우에는 leave a message(전언을 남기다)라는 표현을 사용하며, 더불어 Could you~?라고 할 수 있는지 없는지 가능성을 묻기도 한다.

DAY 211 전화를 걸기 전에

요새는 대부분 휴대전화(cell phone)를 가지고 있고, 여행할 때도 로밍을 하지만, 그렇지 않은 경우 사용할 수 있는 말을 알아보자.

▶ 전화를 사용해도 될까요?

May I use your phone?
메이 아이 유즈 유어 폰

▶ 공중전화는 어디에 있습니까?

Can you tell me where the pay telephone is?
캔 유 텔 미 웨어 더 페이 텔러폰 이즈

▶ 이 전화로 시외전화를 할 수 있습니까?

Can I make a long distance call from this phone?
캔 아이 메이커 롱 디스턴스 콜 흐롬 디스 폰

▶ 전화번호부가 있습니까?

Do you have a telephone directory?
두 유 해버 텔러폰 디렉토리

▶ 전화를 걸어 주시겠습니까?

Could you call me, please?
쿠쥬 콜 미 플리즈

Voca pay phone 공중전화

전화로 개인의 이름을 말할 때는 I am~이라고 말하면 안 된다. 전화상으로 신원을 밝힐 때는 This is~speaking을 사용하며, 흔히 This is를 생략해서 〈이름 + speaking.〉이라고 말해도 상관없다.

▶ 거기가 701-6363입니까?

Is this 701-6363?

이즈 디스 쎄븐지로원 씩스쓰리씩스쓰리

▶ 여보세요! 저는 김인데요.

Hello! This is Mr. Kim speaking.

헬로우 디스 이즈 미스터 김 스피킹

▶ 서울의 토니 장입니다.

This is Tony Chang from Seoul.

디스 이즈 토니 장 흐롬 서울

▶ 김 씨 계세요?

Is Mr. Kim in?

이즈 미스터 김 인

▶ 여보세요, 브라운 씨입니까?

Hello, Ms. Brown?

헬로우 미즈 브라운

▶ 김 씨 거기에 있습니까?

Is Mr. Kim there?

이즈 미스터 김 데어

Part 5 사교 표현

Voca this is~speaking (전화에서) 저는~입니다

There's a call for you.는 전화를 건네주면서 하는 말로 It's for you.라고도 한다. cover는 '씌우다, 덮다, 가리다'라는 의미 외에 '다루다, 대신하다'라는 의미를 함께 가지고 있다. I'll cover the phones.라고 하면 지금 걸려온 전화를 내가 받겠다는 의미가 된다.

▶ 전화 왔습니다.
There's a call for you.
데얼즈 어 콜 훠 유

▶ 전화는 제가 받을게요.
I'll cover the phones.
아윌 커버 더 폰즈

▶ 전화한 사람이 누구예요?
Who was that on the telephone?
후 워즈 댓 온 더 텔러폰

▶ 전화 좀 받아 주세요.
Please answer the phone.
플리즈 앤써 더 폰

▶ 전화 좀 받아 주실래요?
Would you get that phone, please?
우쥬 겟 댓 폰 플리즈

Voca cover 다루다

전화상으로 상대방에게 누구냐고 물을 때는 Who are you?라고 묻지
않는다. Who's calling? / Who is it? / Who's this? 등으로 묻는다.
혹은 "성함을 알려 주시겠어요?"라고 묻기도 하는데 이를 표현할 때는
May I have your name, please?라고 한다.

▶ 내가 전화를 받을 거야.

I'll answer it.

아월 앤써 릿

▶ 여보세요.

Hello.

헬로우

▶ 예, 강입니다.

Yes, Mr. Kang speaking.

예스 미스터 강 스피킹

▶ 전데요.

That's me.

댓츠 미

▶ 네! 전화 주셔서 감사합니다.

O.K! Thank you for calling.

오케이 쌩큐 풔 콜링

▶ 전화하시는 분은 누구시죠?

Who's calling, please?

후즈 콜링 플리즈

Part 5 사교 표현

Voca answer 전화를 받다

May I have your name?은 What's your name?보다 좀 더 정중한 표현이다. 회사에서 다른 사람의 전화를 대신 받는 경우라면 상대가 찾는 사람에 대해 추가 정보를 요청해야 할 수도 있다. 어느 부서에서 일하는 사람이냐고 물으려면 What department does he work in?, 이름의 철자를 불러 달라고 말하려면 Can you spell that, please?라고 표현할 수 있다.

▶ 성함을 알려 주시겠습니까?

May I have your name, please?

메이 아이 해뷰어 네임 플리즈

▶ 철자를 불러 주시겠습니까?

Can you spell that, please?

캔 유 스펠 댓 플리즈

▶ 누구에게 전화하셨습니까?

Who are you calling?

후 아 유 콜링

▶ 어떤 용건인지 여쭤 봐도 될까요?

May I ask what this is regarding?

메이 아이 애슷ㅋ 왓 디스 이즈 뤼가딩

▶ 죄송합니다. 좀 더 크게 말씀해 주시겠어요?

I'm sorry. Could you speak up a little?

아임 쏘리 쿠쥬 스피컵 어 리를

▶ 조금만 더 천천히 말해 주세요.

Please speak a little more slowly.

플리즈 스피커 리를 모어 슬로우리

Voca spell 철자를 말하다 regarding ~에 대해서

DAY 216 전화를 바꿔 줄 때

'끊지 말고 기다리세요.'라고 말할 때는 동사 hold를 사용하여 Hold the line, please. / Hold on, please.라고 한다. 전화를 돌려 주겠다고 말할 때는 동사 put을 사용하여 I'll put you through to~라고 하면 된다.

▶ 잠깐만 기다려 주세요.
One moment, please.
원 모먼ㅌ 플리즈

▶ 누구 바꿔 드릴까요?
Who do you wish to speak to?
후 두 유 위쉬 투 스픽 투

▶ 테일러 씨, 해리 전화예요.
Mr. Taylor, Harry is on the line.
미스터 테일러 해리 이즈 온 더 라인

▶ 그대로 기다려 주시겠어요?
Can you hold the line, please?
캔 유 홀 더 라인 플리즈

▶ 이쪽에서 다시 전화할 때까지 끊고 기다려 주십시오.
Please hang up and wait till we call you back.
플리즈 행 업 앤 웨잇 틸 위 콜 유 백

▶ 기다리게 해서 죄송합니다.
I'm sorry to keep you waiting.
아임 쏘리 투 킵 유 웨이링

Voca hold the line 전화를 끊지 않고 기다리다 hang up 전화를 끊다

전화를 받기 힘든 상황을 대표적으로 살펴보면 He is not at his desk right now.(그는 지금 자리에 없어요.) / He is tied up at the moment. (그는 지금 몹시 바빠요.) / He is out now.(그는 외출 중이에요.) / He is not working today.(그는 오늘 쉬어요.) / He's gone for the day.(그는 퇴근했어요.) / He is on another line.(그는 다른 전화를 받고 있어요.) 등이 있다.

▶ 지금 자리에 안 계세요.

He's not in right now.

히즈 나린 롸잇 나우

▶ 그는 지금 통화하기 힘들어요.

He's not available now.

히즈 낫 어베일러블 나우

▶ 통화 중입니다.

The line is busy.

더 라인 이즈 비지

▶ 미안합니다. 그는 아직도 통화 중입니다.

Sorry, he's still on the line.

쏘리 히즈 스틸 온 더 라인

▶ 나중에 그에게 다시 전화해 주시겠어요?

Could you call him again later?

쿠쥬 콜 힘 어겐 레이러

▶ 누군가 다른 사람에게 돌려 드릴까요?

Shall I put you through to someone else?

쉘 아이 풋 유 쓰루 투 썸원 엘스

Voca on the line 통화 중이다 put A through to B A를 B에게 전화 연결하다

내가 메시지를 받겠다고 말할 때는 take a message를, 상대에게 메시지를 남기겠냐고 물을 때는 leave a message를 사용한다. 내가 메시지를 남겨도 되냐고 물을 때는 leave 뒤에 목적어를 넣어 말한다. 그녀에게 메시지를 남겨도 되냐는 말은 Can I leave her a message?이다.

▶ 그에게 메시지를 전해 드릴까요?

May I take a message for him?

메이 아이 테이커 메세쥐 훠 힘

▶ 메시지를 남기시겠습니까?(전할 말씀 있으세요?)

Would you like to leave a message?

우쥬 라익 투 리버 메세쥐

▶ 그에게 전화드리라고 할까요?

Would you like him to call(= phone) you back?

우쥬 라익 힘 투 콜(= 폰) 유 백

▶ 그에게 메시지를 남겨도 될까요?

Can I leave him a message, please?

캔 아이 립 힘 어 메세쥐 플리즈

▶ 메시지를 받아 둘까요?

Can I take a message?

캔 아이 테이커 메세쥐

▶ 댁의 전화번호를 가르쳐 주십시오.

May I have your number, please?

메이 아이 해뷰어 넘버 플리즈

Part 5 사교 표현

Voca take a message 메시지를 받다 leave a message 메시지를 남기다

239

DAY 219 메시지를 부탁할 때

전화로 메시지를 남길 때는 대부분 다시 전화해 달라는 메시지를 남기는 것이 보통이다. 그럴 때는 call back이라는 표현을 사용한다. 그에게 전해 달라고 이야기할 때 주로 사용되는 동사는 tell이다. '말하다'라는 비슷한 의미를 가진 동사들이 speak, say, talk 등이 있는데, 이런 상황에서는 주로 tell을 사용하니 기억해 두자.

▶ 그녀에게 메시지를 남기고 싶은데요.

I'd like to leave her a message, please.

아이드 라익 투 립 허러 메세쥐 플리즈

▶ 제게 전화해 달라고 그에게 전해 주시겠습니까?

Could you ask him to call me back, please?

쿠쥬 애슷 킴 투 콜 미 백 플리즈

▶ 돌아오면 저한테 전화해 달라고 전해 주시겠습니까?

Please tell him to call me back.

플리즈 텔 힘 투 콜 미 백

▶ 제가 전화했었다고 그에게 좀 전해 주시겠습니까?

Will you tell him I called, please?

윌 유 텔 힘 아이 콜드 플리즈

▶ 그에게 제가 다시 전화하겠다고 좀 전해 주십시오.

Please tell him I'll call back.

플리즈 텔 힘 아윌 콜 백

▶ 그냥 제가 전화했다고 그에게 말하세요.

Just tell him that I called.

저슷 텔 힘 댓 아이 콜드

Voca call back 다시 전화하다

DAY 220 잘못 걸려 온 전화를 받았을 때

전화를 잘못 걸었다고 말하는 대표적인 표현은 You have the wrong number.이다. 좀 더 강하게 "그런 이름을 가진 사람 없어요."라고 하려면 There is no one here by that name.이라고 말해 보자.

▶ 전화를 잘못 거셨습니다.

You have the wrong number.

유 햅 더 롱 넘버

▶ 몇 번을 돌리셨나요?

What number did you dial?

왓 넘버 디쥬 다이얼

▶ 전화번호를 다시 확인해 보세요.

You'd better check the number again.

유드 베러 첵 더 넘버 어겐

▶ 미안합니다만, 여긴 잭이라는 사람이 없는데요.

I'm sorry, we don't have a Jack here.

아임 쏘리 위 돈 해버 잭 히어

▶ 아닌데요.

No, it isn't.

노 잇 이즌ㅌ

▶ 여보세요. 누구를 찾으세요?

Hello. Who are you calling?

헬로우 후 아 유 콜링

Voca dial 전화를 걸다

Part 5 사교 표현

241

요새는 해외에 나갈 때 거의 대부분 휴대전화를 로밍해 가기 때문에 휴대전화로 직접 국제전화를 걸 수 있지만, 그렇지 않은 경우에 호텔 등에서 한 단계를 걸쳐서 전화를 걸어야 할 일이 있을 수도 있다. 그럴 때 사용할 수 있는 문장들이다.

▶ 이 전화로 한국에 걸 수 있습니까?
Can I call Korea with this telephone?
캔 아이 콜 코리아 위드 디스 텔러폰

▶ 한국에 전화하고 싶은데요.
I'd like to call Korea.
아이드 라익투 콜 코리아

▶ 수신자 요금 부담으로 부탁합니다.
By collect call, please.
바이 콜렉트 콜 플리즈

▶ 수신자 요금 부담으로 하고 싶습니다.
I'd like to place a collect call.
아이드 라익투 플레이스 어 콜렉트 콜

▶ 직접 (국제)전화를 걸 수 있습니까?
Can I dial directly?
캔 아이 다이얼 디렉틀리

▶ 신용카드로 전화를 걸고 싶습니다.
I'd like to make a credit card call.
아이드 라익투 메이커 크레딧 카드 콜

Voca collect call 수신자 요금 부담 전화 credit card 신용카드

'크게 말하다'는 speak loudly 혹은 speak up으로 표현할 수 있다. barely는 '거의 ~않게'라는 의미이다. 부정의 의미가 있으므로 not과 같은 부정어와 함께 사용하면 안 된다. barely와 비슷한 의미의 부사는 hardly, scarcely 등이 있다.

▶ 잘 안 들립니다.
I can't hear you very well.
아이 캔트 히어 유 베리 웰

▶ 거의 들리지 않습니다.
I can barely hear you.
아이 캔 베얼리 히어 유

▶ 회선 상태가 안 좋은 것 같습니다.
We have a bad connection.
위 해버 배드 커넥션

▶ 큰 소리로 말씀해 주시겠습니까?
Could you speak up, please.
쿠쥬 스픽 업 플리즈

▶ 혼선입니다.
The lines are crossed.
더 라인즈 아 크로쓰ㄷ

▶ 잘못된 번호로 연결되었습니다.
You gave me the wrong number.
유 게입 미 더 롱 넘버

Part 5 사교 표현

Voca barely 간신히, 거의 ~않게 cross 교차하다

'전화를 끊다'는 get off the line 혹은 hang up이라고 한다. get off는 다양한 쓰임이 있는 숙어인데, 기본적인 뜻은 '떠나다, 그만두다'이다. 이 뜻이 조금씩 다양해지면서 '하차하다, 퇴근하다, 출발하다' 등의 의미로도 사용하게 되었다. get off the line도 전화를 그만두는 것이므로 '전화를 끊다'가 된다.

▶ 이만 전화를 끊어야겠어요.

I have to get off the line now.

아이 햅투 게럽ㅎ 더 라인 나우

▶ 다른 전화가 왔어요.

I have a call on the other line.

아이 해버 콜 온 디 아더 라인

▶ 전화 주셔서 고맙습니다.

Thank you for calling.

쌩큐 훠 콜링

▶ 너무 많은 시간을 빼앗아서 죄송합니다.

I'm sorry I've taken up so much of your time.

아임 쏘리 아이브 테이큰 업 쏘 머취 어뷰어 타임

▶ 미안해요. 긴 이야기는 못 하겠어요.

I'm sorry. I can't talk long.

아임 쏘리 아이 캔ㅌ 톡 롱

▶ 빨리 얘기해.

Make it snappy.

메이킷 스내피

Voca take up one's time 시간을 빼앗다 snappy 짧고 분명한, 재빠른

조미료

케첩
ketchup
케첩

머스터드
mustard
머스터드

후추
pepper
페퍼

간장
soy sauce
소이 소스

설탕
sugar 슈거

소금
salt 솔트

버터
butter
버터

마가린
margarine
마저린

음료

커피
coffee
커휘

(커피용) 크림
cream
크림

차
tea 티

주스
juice
쥬스

우유
milk
밀크

콜라
coke
코크

뜨거운 초콜릿
hot chocolate
핫 처콜릿

화제 표현

대개 외국 사람과 만났을 때의 화제는 목적이 관광(sightseeing)이냐, 비즈니스(business)냐, 유학(studying)이냐 등에 따라 달라지겠지만 일이나 학업보다는 개인의 취향이나 신상에 관한 정보가 먼저 떠오르게 된다. 특히 국적, 출신지, 나이, 생년월일, 종교, 취미 등도 궁금할 것이다.

01 개인 신상

서양인들은 자신만의 사생활(privacy)을 상당히 중시하는 경향이 있다. 따라서 서로 친한 상황이 아니라면 상대편의 약점(weakness)을 들추거나 개인의 성격(personality)에 대하여 묻는 것을 삼가야만 한다. 처음부터 가족관계나 그 사람의 사적 부분에 관하여 묻는 것은 결례가 되므로 꼭 물어야 할 사항이 있다면 먼저 양해를 구하는 듯한 어감을 풍기는 것이 중요하다.

DAY 224   출신지에 대해 물을 때

출신지를 물을 때 가장 간단하게 묻는 문장은 Where are you from? 이다. Where do you come from?이라고 묻기도 한다.

▶ 고향은 어디세요?

Where are you from?
웨어 아 유 흐롬

▶ 실례지만, 고향이 어디십니까?

May I ask where you are from?
메이 아이 애스크 웨어 유 아 흐롬

▶ 서울입니다.

I'm from Seoul.
아임 흐롬 서울

▶ 어디에서 자라셨습니까?

Where did you grow up?
웨어 디쥬 그로 업

▶ 서울에서 자랐어요.

I grew up in Seoul.
아이 그루 업 인 서울

Voca grow up 자라다, 성장하다

서양인들은 신상을 묻는 것에 민감하지만, 특히 나이를 묻는 것은 더욱 그렇다. 나이를 묻는 말을 익혀 두되 상황을 보아 적절히 사용해야 한다. 그런 부분을 신경 쓰지 않는다면 I'd rather not tell you how old I am.(나이를 말하고 싶지 않습니다.)이라는 대답을 듣게 될지도 모른다.

▶ 몇 살이세요?

How old are you?
하우 올드 아 유

▶ 당신의 나이를 알려 주시겠습니까?

Could you tell me your age?
쿠드 유 텔 미 유어 에이쥐

▶ 나이가 어떻게 되십니까?

What's your age?
왓츠 유어 에이쥐

▶ 나이를 여쭤 봐도 될까요?

May I ask how old you are?
메이 아이 애스크 하우 올드 유 아

▶ 그가 몇 살인지 물어봐도 될까요?

May I ask how old he is?
메이 아이 애스크 하우 올드 히 이즈

▶ 그들은 몇 살이죠?

How old are they?
하우 올드 아 데이

Voca age 나이

우리나라는 음력 개념이 있다. 생일에 대해 대답할 때 음력으로 지낸다고 이야기하려면 We celebrate my birthday according to the lunar calendar.(우리는 생일을 음력으로 지내요.)라고 말한다.

▶ 언제 태어났습니까?

When were you born?
웬 워 유 본

▶ 생일이 언제입니까?

What date is your birthday?
왓 데이티즈 유어 벌쓰데이

▶ 당신의 별자리가 뭐죠?

What sign are you?
왓 싸인 아 유

▶ 며칠에 태어났어요?

What date were you born?
왓 데잇 워 유 본

▶ 몇 년도에 태어나셨어요?

What year were you born?
왓 이어 워 유 본

▶ 생일이 언제죠?

What's your birthday?
왓츠 유어 벌쓰데이

Voca sign 별자리 date 날짜

I'm not a religious person.은 "나는 무교입니다."라는 뜻이다. 덧붙여서 과거에는 종교를 가졌지만 지금은 무교라고 말하고 싶을 때는 I gave up my faith.라고 표현한다. gave up 대신 abandon을 써도 같은 뜻이다.

▶ 무슨 종교를 믿습니까?

What religion do you believe in?
왓 릴리젼 두 유 빌리브 인

▶ 종교를 가지고 있습니까?

Do you have a religion?
두 유 해버 릴리젼

▶ 종교가 없습니다.

No, I'm not a religious person.
노 아임 나더 릴리줘스 퍼슨

▶ 저는 기독교 신자입니다.

I'm a Christian.
아임 어 크리스쳔

▶ 저는 천주교를 믿습니다.

I believe in Catholicism.
아이 빌리브 인 커쌀러시즘

▶ 저는 불교 신자입니다.

I'm a Buddhist.
아임 어 부디슷ㅌ

Voca 　 Christian 기독교 신자 Catholicism 천주교 Buddhist 불교 신자

Part 6 화제 표현

사회의 분화와 산업의 발달로 인하여 핵가족(nuclear family)제도가 심화되어 대부분 자녀가 1~2명 이하이다. 형제 관계를 묻고자 할 경우에는 How many sisters and brothers do you have?라는 표현을 사용한다. 작별할 때 흔히 Please give my regards to your family.(가족에게 안부 좀 전해 줘!)라는 인사를 건네는 것이 친한 사람끼리의 인사법이다.

DAY 228 가족에 관하여 표현할 때

"우리 가족은 화목하다"는 We are a very harmonious family.이다.

▶ 가족은 몇 분이나 됩니까?
How many people are there in your family?
하우 매니 피플 아 데어 인 유어 훼밀리

▶ 우리 가족은 네 명이에요.
We are a family of four.
위 아 러 훼밀리 어브 훠

▶ 우리 가족은 어머니, 아버지, 여동생 그리고 저까지 네 명이에요.
We have four people in our family, my mother, father, sister and myself.
위 햅 훠 피플 인 아우어 훼밀리 마이 마더 화더 씨스터 앤 마이쎌ㅎ

▶ 우리 가족은 자녀가 세 명 있는데 저와 두 남동생이 있어요.
In my family there are three children, myself and two younger brothers.
인 마이 훼밀리 데어라 쓰리 췰드런 마이쎌ㅎ 앤 투 영거 브라더ㅅ

▶ 식구는 많습니까?
Do you have a large family?
두 유 해버 라쥐 훼밀리

Voca children 어린이들, 자녀들 have a large family 식구가 많다

DAY 229 형제자매에 대하여 표현할 때

brother와 sister를 같이 지칭하려면 sibling을 사용한다. sibling은 '형제자매, 동기'를 의미한다. 외동을 표현할 때는 only를 사용한다. 외동아들은 only son, 외동딸은 only daughter, 외동, 독자는 only child이다.

▶ 형제가 몇 분이세요?

How many brothers and sisters do you have?
하우 매니 브라더스 앤 씨스터스 두 유 햅

▶ 형이 두 명, 여동생이 한 명입니다.

I have two brothers and one sister.
아이 햅 투 브라더스 앤 원 씨스터

▶ 형제나 자매가 있습니까?

Do you have any brothers and sisters?
두 유 햅 애니 브라더스 앤 씨스터스

▶ 아뇨, 없습니다. 독자입니다.

No, I don't. I'm an only child.
노 아이 돈 아임 언 온리 촤일드

▶ 동생은 몇 살입니까?

How old is your brother?
하우 올드 이즈 유어 브라더

▶ 우리 형제는 한 살 차이밖에 안 나.

My brother and I are only a year apart.
마이 브라더 앤 아이 아 온리 어 이어 어팟ㅌ

Part 6
형제 표현

Voca only child 독자 apart 떨어져

253

relative는 형용사로 쓰일 때 '비교적인, 상대적인'이라는 의미지만 명사로 쓰일 때는 '친척'이라는 의미이다. 친척관계를 의미할 때는 동사형 relate를 사용하여 We are related.라고 한다. relate는 '관련짓다'라는 의미로 주로 전치사 to나 with와 사용한다.

▶ 미국에 친척 분은 계십니까?

Do you have any relatives living in America?

두 유 햅 애니 랠러티브ㅅ 리빙 인 어메리카

▶ 나는 미국에 친척이 하나도 없습니다.

I have no relatives in America.

아이 햅 노 랠러티브ㅅ 인 어메리카

▶ 두 분은 친척 되십니까?

Are you two related?

아 유 투 릴레이티드

▶ 우리는 친척관계가 아닙니다.

We're not related.

유어 낫 릴레이티드

▶ 추석에 몇 명의 친척들이 오셨습니다.

Some relatives came to visit on Chuseok.

썸 렐러티브ㅅ 케임 투 비짓 온 추석

▶ 지난 일요일 우리 일가친척들의 모임이 있었습니다.

We had a family reunion last Sunday.

위 해더 훼밀리 리유니언 라숫 썬데이

Voca relative 친척 reunion 모임, 동창회

DAY 231 자녀에 대해서

자녀를 의미하는 말로는 child, kid가 있다. kid의 복수형은 kid에 -s를 붙인 kids이다. kids는 [키ㄷㅈ]의 느낌으로 발음한다. child의 복수형은 childs가 아닌 children이다. 불규칙적으로 복수형을 만들어야 하는 단어들의 예로는 man-men, woman-women 등이 있다.

▶ 아이들은 몇 명이나 됩니까?

How many children do you have?
하우 매니 췰드런 두 유 햅

▶ 아이는 언제 가질 예정입니까?

When are you going to have children?
웬 아 유 고잉 투 햅 췰드런

▶ 아이들이 있습니까?

Do you have any children?
두 유 햅 애니 췰드런

▶ 다음 달에 첫돌이 되는 아들이 하나 있습니다.

I have a son who will turn one year old next month.
아이 햅 어 썬 후 윌 턴 원 이어 올드 넥슷ㅌ 먼쓰

▶ 자녀가 있습니까?

Have you got any kids?
해뷰 갓 애니 키즈

▶ 그 애들 이름이 뭐죠?

What are their names?
왓 아 데어 네임즈

Voca kid 아이

Part 6 화제 표현

255

보통 현재의 주소지(address)를 묻는 표현법에도 여러 가지가 있겠지만 Where are you living now? / Where do you live now? / What's your home address, please? 따위처럼 다양하게 표현한다. 또한 Could I have your address? / What's your address? 라고 물어봐도 된다.

DAY 232 거주지에 대해서

'~에서 살아요'라고 대답할 때는 I live in~ 문형을 활용한다.

▶ 어디에서 사세요?

Where do you live?

웨어 두 유 립

▶ 서울 교외에서 살고 있어요.

I live in the suburbs of Seoul.

아이 리빈 더 써법ㅅ 업 서울

▶ 여기서 먼 곳에 살고 계세요?

Do you live far from here?

두 유 립 화 흐롬 히어

▶ 어디에 살고 계세요?

Where are you living now?

웨어 아 유 리빙 나우

▶ 그곳까지 얼마나 걸립니까?

How long does it take to get there?

하우 롱 더즈 잇 테익 투 겟 데어

Voca suburb 교외

address는 현재 살고 있는 주소를 말하고, permanent address는 본적을 의미한다. address는 실제상의 주소뿐 아니라 인터넷상의 주소를 가리킬 때도 사용된다. '주소'라는 의미 외에도 '연설, 연설하다, 다루다'라는 의미도 가지고 있으니 헷갈리지 말자.

▶ 본적지가 어디세요?
What's your permanent address?
왓츠 유어 퍼머넌트 어드레스

▶ 주소가 어떻게 됩니까?
What's your address?
왓츠 유어 어드뤠스

▶ 주소를 알 수 있을까요?
Could I have your address?
쿠드 아이 해뷰어 어드뤠스

▶ 여기 제 명함이 있습니다. 주소가 적혀 있지요.
Here's my card. It has my address.
히얼즈 마이 카드 잇 해즈 마이 어드뤠스

▶ 본적을 말씀해 주시겠어요?
Will you tell me your permanent address?
윌 유 텔 미 유어 퍼머넌트 어드레스

▶ 현 주소와 우편번호를 말씀해 주실까요?
May I have your present address and your zip code, please?
메이 아이 해뷰어 프레즌트 어드뤠스 앤 유어 집 코드 플리즈

Voca permanent address 본적 (business) card 명함 zip code 우편번호

be born은 '태어나다'라는 의미이다. born은 bear의 과거분사형이다.
bear는 '아이를 낳다'라는 의미 외에도 '참다, 지탱하다, 있다, 가지다,
곰' 등의 다양한 뜻을 가진 단어이다. 명사형은 birth이다.

▶ 어디에서 태어나셨나요?

Where were you born?

웨어 워 유 본

▶ 생일이 언제입니까?

What is your date of birth, please?

왓 이즈 유어 데잇 어브 벌쓰 플리즈

▶ 거기서 얼마나 살았습니까?

How long have you lived there?

하우 롱 해뷰 립 데어

▶ 이 양은 언제 출생했죠?

When were you born, Miss Lee?

웬 워 유 본 미쓰 리

▶ 이 양은 어디서 자랐죠?

Where did you grow up, Miss Lee?

웨어 디쥬 그로 업 미쓰 리

Voca date of birth 생일

주택에 대해서

주거 환경은 living condition이다. How are your living conditions? 라고 물으면 My house is located in a good environment.(저희 집은 환경이 좋은 곳에 있어요.) / My neighborhood is noisy.(저희 집 주변은 시끄러워요.) 등으로 대답할 수 있다.

▶ 아파트에 사세요, 단독에 사세요?

Do you live in an apartment or in a house?
두 유 리빈 언 아팟ㅌ먼ㅌ 오어 이너 하우스

▶ 조그마한 아파트에 살아요.

I live in a small apartment.
아이 리브 인 어 스몰 아팟ㅌ먼ㅌ

▶ 그게 당신 소유의 집입니까? 세 낸 건가요?

Do you own it, or rent it?
두 유 원 잇 오어 렌트 잇

▶ 저는 하숙하고 있어요.

I live in a boarding house.
아이 리빈 어 보딩 하우스

▶ 새 아파트는 나에게 딱 맞아.

My new apartment suits me to a "T."
마이 뉴 아팟ㅌ먼ㅌ 숱ㅊ 미 투 어 티

▶ 새 아파트 구했어요?

Have you found a new apartment?
해뷰 화운더 뉴 아팟ㅌ먼ㅌ

Voca own 소유하다 rent 세 내다 boarding house 하숙집 to a T 꼭 맞는

Chapter 04 우정과 이성 교제

대개 이성을 대할 경우에는 일정한 격식을 갖추어야 하는데 어느 정도 친한 사이가 아니라면 Would you introduce me to somebody?(누구 좀 소개해 줄래?)와 같은 부탁을 하거나 What type of girl do you like?(어떤 스타일의 여자가 좋아?)처럼 직설적으로 묻는 것은 결례가 된다.

DAY 236 친구에 대해서

친구를 의미하는 말로 가장 자주 쓰이는 단어는 friend이다. 그 외에도 pal이라는 말이 있다. pen pal의 pal에 해당한다.

▶ 화이트 씨, 박 씨를 소개하고 싶군요.

Mr. White, I'd like to introduce Mr. Park.

미스터 화잇 아이드 라익 투 인트로듀스 미스터 박

▶ 그린 씨, 강 씨를 소개하겠습니다.

Mr. Green, allow me to introduce Mr. Kang.

미스터 그린 얼라우 미 투 인트로듀스 미스터 강

▶ 김 여사를 당신에게 소개해도 되겠습니까?

May I introduce Mrs. Kim to you?

메이 아이 인트로듀스 미씨즈 김 투 유

▶ 우리는 오래전부터 친구랍니다.

We go back a long way.

위 고 백 어 롱 웨이

▶ 우리는 죽마고우입니다.

We're old friends.

위어 올ㄷ 후렌즈

Voca allow 허락하다 go back 알고 지내다

260

이성 간의 교제를 할 경우에는 Are you dating someone? / Do you have a boyfriend?처럼 상대방이 애인이 있는지 그 여부를 먼저 물어보는 것이 예의이다. 그밖에 헤어졌다는 표현인 We're finished. / I'm off with her now. / I'm through with her. 등과 같은 표현도 알아 두자.

▶ 사귀는 사람 있나요?
Are you seeing somebody?
아 유 씽 썸바디

▶ 여자 친구 있으세요?
Do you have a girlfriend?
두 유 해버 걸후렌드

▶ 누구 생각해 둔 사람이 있나요?
Do you have anyone in mind?
두 유 햅 애니원 인 마인드

▶ 어떤 타입의 여자가 좋습니까?
What kind of girl do you like?
왓 카인더브 걸 두 유 라익

▶ 성실한 사람이 좋습니다.
I like someone who is sincere.
아이 라익 썸원 후 이즈 씬씨어

▶ 그는 제 타입이 아닙니다.
He isn't my type.
히 이즌 마이 타잎

Part 6
화제 표현

Voca sincere 진실된, 성실한

남녀 사이에 데이트를 신청할 경우에는 매너가 상당히 중요한데 일반적으로는 남자가 먼저 요청을 한다든지, 아니면 남자가 여성의 집으로 데리러 간다든지, 처음에는 데이트 비용을 남자가 부담한다든지, 데이트 후에는 여성을 바래다준다든지 하는 매너가 있다. 특히 장소나 시간과 관련된 약속을 정하였을 때 시간에 늦지 않게 도착하는 것은 무엇보다 중시되는 부분이므로 유의해야 할 것이다.

DAY
238 **데이트를 신청할 때**

데이트를 하자거나 사귀자는 표현 중 가장 자주 사용되는 표현은 ask out 혹은 go out with이다.

▶ 데이트를 청해도 될까요?
Could I ask you for a date?
쿠드 아이 애슥 큐 훠 러 데잇ㅌ

▶ 이번 금요일에 데이트할까요?
Would you go out with me this Friday?
우쥬 고 아웃 위드 미 디스 후라이데이

▶ 저와 데이트해 주시겠어요?
Would you like to go out with me?
우쥬 라익 투 고 아웃 위드 미

▶ 저와 함께 저녁식사를 하시겠어요?
Would you like to have dinner with me?
우쥬 라익 투 햅 디너 위드 미

▶ 파티에 함께 갈 파트너가 없어요.
I don't have a date for the party.
아이 돈 해버 데잇ㅌ 훠 더 파리

Voca go out with ~와 교제하다, 데이트하다

데이트를 즐길 때

데이트를 마치면서 보통 말하는 "오늘 즐거웠어요."라는 표현은 I en-joyed myself today.라고 한다. 애프터 신청을 하고 싶다면 When can I see you again? / Will you see me again?(언제 다시 뵐 수 있을까요?)라는 표현을 사용하면 된다.

▶ 왜 이렇게 가슴이 두근거리지?

Why is my heart beating so fast?
와이 이즈 마이 할ㅌ 비링 쏘 훼슷ㅌ

▶ 당신과 함께 있어서 기뻐요.

I'm happy to be in your presence.
아임 해피 투 비 인 유어 프레즌스

▶ 다음에는 뭘 하죠?

What shall we do next?
왓 쉘 위 두 넥슷ㅌ

▶ 집까지 바래다줄게요.

I'll escort you home.
아윌 에스콧ㅌ 유 홈

▶ 집에 태워다 줄까요?

Shall I drive you home?
쉘 아이 드라이브 유 홈

▶ 또 만나 주시겠어요?

Will you see me again?
윌 유 씨 미 어겐

Part 6
회제 표현

Voca beat (심장이) 고동치다 escort 호위하다, 바래다주다

240 애정을 표현할 때

'첫눈에 반하다'는 fall in love at first sight, '짝사랑'은 unrequited love라고 한다. 애인, 연인은 sweetheart라고 한다. love하는 사람이라는 의미에서 lover라고 하기 쉬운데, 이는 성적인 뉘앙스를 담고 있어 사용할 때 주의해야 한다.

▶ 당신은 나에게 무척 소중해요.
You mean so much to me.
유 민 쏘 머춰 투 미

▶ 당신은 우아하고 아름다워요.
You are delicate and beautiful like a rose.
유 아 델리케잇ㅌ 앤 뷰티훌 라이커 로즈

▶ 당신은 정말 멋있어요.
You are absolutely wonderful.
유 아 앱썰루틀리 원더훌

▶ 당신이 최고예요!
You are the best!
유 아 더 베슷ㅌ

▶ 그녀가 정말 보고 싶어요.
I miss her so much.
아이 미쓰 허 쏘 머춰

▶ 언제나 당신을 생각하고 있어요.
I think about you all the time.
아이 씽커바웃 유 올 더 타임

Voca delicate 우아한 rose 장미 all the time 내내, 아주 자주

love는 참 달콤한 말이다. I'm crazy about you. / Whatever happens, I believe you. / I fell in love with you. / I miss you. / I love you. / I think about you all the time. 등 사랑한다고 말하는 여러 가지 방법들을 익혀 보자.

▶ 당신에게 아주 반했습니다.
I'm crazy about you.
아임 크뤠이지 어바웃 유

▶ 당신과 사귀고 싶습니다.
I'd like to go out with you.
아이드 라익투 고 아웃 위듀

▶ 당신의 애인이 되고 싶습니다.
I'd like to be your boyfriend[girlfriend].
아이드 라익 투 비 유어 보이후렌드[걸후렌드]

▶ 당신의 모든 걸 사랑합니다.
I love everything about you.
아이 럽 에브리씽 어바웃 유

▶ 당신을 누구보다 사랑합니다.
I love you more than anyone.
아이 러뷰 모어 댄 애니원

▶ 당신과 함께 있고 싶어요.
I want to be with you.
아이 원투 비 위듀

Voca crazy about ~을 대단히 사랑하는

Part 6

화제 표현

'애인과 헤어지다'를 의미하는 가장 일반적인 말은 break up이다. 우리
말로 애인과 헤어질 때 "그 사람과 깨졌어."라고 말하기도 하니 함께 연
상하면 좋을 것이다. "너와 헤어지고 싶지 않아."라고 말하려면 I don't
want to break up with you.라고 하면 된다.

▶ 이제 네가 싫증이 나.

I'm bored with you now.
아임 볼ㄷ 위듀 나우

▶ 네가 미워!

I hate you!
아이 헤잇 츄

▶ 깨끗하게 헤어지자.

Let's make a clean break.
렛츠 메이커 클린 브레익ㅋ

▶ 너와 끝이야.

I'm through with you.
아임 쓰루 위듀

▶ 이것으로 끝이야.

It's over.
잇츠 오버

▶ 우리 헤어져야겠어.

We should break up.
위 슈드 브레이컵

Voca make a clean break 깨끗이 손을 떼다 be through with ~와 끝을 내다

결혼 관련 표현을 살펴보면 I'm married.(전 기혼이에요.) / I'm divorced. (전 이혼했어요.) / I'm single.(전 미혼입니다.) / I'm bachelor.(전 독신주의자예요.) / I'm pregnant.(전 임신했어요.) / I'm separated.(전 별거 중이에요.) 등이 자주 활용된다.

DAY 243 청혼에 대해서

Would you marry me?라는 직접적인 표현부터 I want to share my life with you.(인생을 함께하고 싶어요.)라는 간접적인 표현까지 다양하다.

▶ 빌이 나에게 청혼했습니다.

Bill proposed to me.
빌 프러포즈 투 미

▶ 저와 결혼해 주시겠습니까?

Would you marry me?
우쥬 메뤼 미

▶ 우리 결혼할까요?

Why don't we get married?
와이 돈 위 겟 메뤼드

▶ 당신과 결혼하고 싶습니다.

I want to marry you.
아이 원 투 메뤼 유

▶ 내 아내가 되어 줄래요?

Would you be my wife?
우쥬 비 마이 와잎

Voca propose 청혼하다 marry 결혼하다

Part 6 화제 표현

'~와 약혼하다'는 be engaged to이다. be engaged in은 '~에 종사하다, ~에 참여하다, ~에 바쁘다'라는 의미이니 전치사 사용에 유의하자. 약혼은 engagement, 약혼자는 fiance라고 한다.

▶ 우리는 이번 달에 약혼했습니다.
We became engaged this month.
위 비케임 인게이쥐드 디스 먼쓰

▶ 그녀는 래리와 약혼한 사이예요.
She's engaged to marry Larry.
쉬즈 인게이쥐드 투 메뤼 래리

▶ 나는 그 남자와 약혼을 했어요.
I am engaged to him.
아이 앰 인게이쥐드 투 힘

▶ 저 여자 임자가 있니?
Is she spoken for?
이즈 쉬 스포큰 풔

▶ 그래, 그녀는 이미 약혼을 했어.
Yes, she is already engaged.
예스 쉬 이즈 얼뤠디 인게이쥐드

▶ 그는 내가 약혼한 줄 알아요.
He thinks I'm engaged.
히 씽즈 아임 인게이쥐드

Voca be engaged to ~와 약혼하다 be spoken for 애인이나 배우자가 있다

결혼 여부에 대해서 말하는 I am single.(저는 미혼입니다.) / I am married.(저는 기혼입니다.) / I am divorced.(저는 이혼했습니다.) / I'm bachelor.(저는 독신주의자입니다.) 등의 표현을 기억하자.

▶ 결혼하셨습니까?

Are you married?

아 유 메뤼드

▶ 언제 결혼할 예정입니까?

When are you going to get married?

웬 아 유 고잉 투 겟 메뤼드

▶ 언제 결혼을 하셨습니까?

When did you get married?

웬 디쥬 겟 메뤼드

▶ 결혼한 지 얼마나 됐습니까?

How long have you been married?

하우 롱 해뷰 빈 메뤼드

▶ 신혼부부이시군요.

You're a brand new couple.

유어 러 브랜ㄷ 뉴 커플

▶ 우리는 중매결혼했습니다.

It was an arranged marriage.

잇 워즈 언 어레인쥐ㄷ 매뤼지

Part 6

화제 표현

Voca　brand new 완전 새것인　arranged marriage 중매결혼

결혼식에 참석해서 You make a good match.(두 분 잘 어울리시네 요.) / You both look very nice.(두 분 정말 멋지시네요.) / What a beautiful bride she is!(신부가 정말 아름다우시군요!) 등의 칭찬을 할 수 있으면 좋다.

▶ 그들은 결혼식 날짜를 정했니?

Have they set a date for the wedding?

햅 데이 쎄더 데잇 훠 더 웨딩

▶ 박 씨의 결혼 날짜가 언제지요?

What's the date of Mr. Park's wedding?

왓츠 더 데잇 어브 미스터 박스 웨딩

▶ 그들은 수백 장의 청첩장을 보냈어.

They sent out hundreds of invitations to the wedding.

데이 쎈 아웃 헌드레즈 어브 인비테이션ㅅ 투 더 웨딩

▶ 우리는 결혼식에 모든 친척들을 초대했어.

We invited all our relatives to the wedding.

위 인바이티드 얼 아우어 렐러티브ㅅ 투 더 웨딩

▶ 행복한 결혼생활을 하시길 바랍니다.

I hope you'll have a very happy marriage.

아이 홉 유윌 해버 베리 해피 매리쥐

▶ 행복하길 바랍니다.

We hope you have a happy life.

위 호퓨 해버 해피 라입ㅎ

Voca set 정하다 wedding 결혼식

270

임신과 출산에 대해서

'임신하다'는 be pregnant, be expecting, be in the family way, have a baby라고 한다. '출산하다'는 deliver, give birth, '출산 예정일'은 due (date)를 사용한다는 것도 함께 기억해 두자.

▶ 그녀는 임신 중이야.

She is expecting.

쉬 이즈 익스펙팅

▶ 그녀가 벌써 임신했어?

Is she expecting already?

이즈 쉬 익스펙팅 얼뤠디

▶ 당신은 임신을 하셨군요.

You are in the family way.

유 아 인 더 훼밀리 웨이

▶ 그녀는 제 아이를 임신했어요.

She's pregnant with my child.

쉬즈 프레그넌트 위드 마이 촤일드

▶ 그녀는 임신 6개월입니다.

She is six months pregnant.

쉬 이즈 씩스 먼츠 프레그넌트

▶ 출산 예정일이 언제입니까?

When is the blessed event?

웬 이즈 더 블레스드 이벤트

Part 6

화제 표현

Voca be expecting 임신하다 pregnant 임신 중인

'별거하다'는 separate나 live apart로 표현하며, '이혼하다'는 divorce 이다. '이혼하다'라는 뜻으로 go to Reno라는 관용표현을 사용하기도 한다. Reno는 미국 네바다 주의 도시로, 이혼 재판소로 유명하다.

▶ 별거 중입니다.

I'm separated.
아임 쎄퍼레이티드

▶ 우리 부모님은 별거 중이야.

My parents are separated.
마이 페어런츠 아 쎄퍼레이티드

▶ 우리 부모님은 이혼하셨어.

My parents got divorced.
마이 페어런츠 갓 디볼스ㄷ

▶ 이혼합시다.

Let's go to Reno.
렛츠 고 투 리노우

▶ 당신이 싫어진 건 아니지만,

I'm not tired of you, but~
아임 낫 타이얼ㄷ 어뷰 벗

▶ 우리 관계는 어디서 잘못됐죠?

Where did our relationship go wrong?
웨어 디드 아우어 륄레이션쉽 고 롱

Voca separated 헤어진, 별거 중인 get divorced 이혼하다 relationship 관계

직업을 묻는 일반적인 질문에는 What do you do? / What's your job? / What do you do for a living? / What are you engaged in? / What do you work for? 등과 같은 표현이 사용된다. 그밖에 Where is your company?(회사는 어디에 있나요?) / I'm out of work now.(실직 중입니다.) / I'm job-hunting now.(구직 중입니다.) 등과 같은 표현도 알아 두자.

DAY 249 직업을 물을 때

직업을 의미하는 말로는 job, occupation, profession, work 등이 있다.

▶ 직업이 무엇입니까?

What do you do (for a living)?
왓 두 유 두 (훠 러 리빙)

▶ 어떤 업종에 종사하십니까?

What line of business are you in?
왓 라인 어브 비지니스 아 유 인

▶ 어떤 일을 하고 계십니까?

What type of work do you do?
왓 타이버브 웍 두 유 두

▶ 어떤 일에 종사하고 계십니까?

What's your line?
왓츠 유어 라인

▶ 실례지만, 지금 어떤 일을 하고 계십니까?

What do you do, if I may ask?
왓 두 유 두 이프 아이 메이 애슥ㅋ

Voca line of business 업종

250 직업을 말할 때

어느 회사에 다니고 있다고 말할 때는 I work for~ 문형을 사용할 수 있다. 현재 구직 중인 경우 I am looking for work now.라고 하고, 실직하였으면 I'm out of work now.라고 하면 된다.

▶ 출판업에 종사하고 있습니다.
I'm in the publishing industry.
아임 인 더 퍼블리싱 인더스트뤼

▶ 컴퓨터 분석가입니다.
I'm a computer analyst.
아임 어 컴퓨러 애널리스트

▶ 지금은 일을 하지 않습니다.
I'm not working now.
아임 낫 워킹 나우

▶ 저는 자영업자입니다.
I'm self-employed.
아임 쎌ㅎ 임플로이드

▶ 저는 봉급생활자입니다.
I'm a salaried worker.
아임 어 쌜러리드 워커

▶ 저는 지금 실업자입니다.
I'm unemployed right now.
아임 언임플로이드 롸잇 나우

Voca analyst 분석가 unemployed 실직한

251 사업을 물을 때

'사업'은 business이다. '사업가'는 business man이라고 한다. 사업이 잘되어 가는지 물으려면 How is business doing?이라고 하고 회사의 규모가 얼마나 크냐고 물으려면 How big is your company?라고 하면 된다.

▶ 당신의 직업에 만족하세요?
Do you enjoy your job?
두 유 인죠이 유어 잡

▶ 사업이 어떻습니까?
How's business?
하우즈 비지니스

▶ 컴퓨터 업계는 어떻습니까?
How're things in the computer business?
하우어 씽즈 인 더 컴퓨러 비지니스

▶ 사업은 잘되어 갑니까?
How is business doing?
하우 이즈 비지니스 두잉

▶ 새로 시작한 사업은 어떠세요?
How's your new business coming?
하우즈 유어 뉴 비지니스 커밍

▶ 당신의 일은 어떻게 되어 가고 있나요?
How's your job going?
하우즈 유어 잡 고잉

Part 6

화제 표현

Voca business 사업 job 일

DAY
252 **사업을 말할 때**

적자, 흑자는 우리말과 똑같이 색깔을 사용하여 in the red / in the black이라고 표현한다. 적자가 계속되면 go bankrupt(파산하다)이다. 그럭저럭 버텨 나가고 있다고 말하고 싶다면 I'm just getting by.라고 하면 된다.

▶ 그리 나쁘지는 않습니다.
It's not so bad.
잇츠 낫 쏘 배드

▶ 그렇게 좋지는 않습니다.
It's not so good.
잇츠 낫 쏘 굳

▶ 사업이 잘됩니다.
My business is brisk.
마이 비지니스 이즈 브리스ㅋ

▶ 사업이 잘 안됩니다.
My business is dull.
마이 비지니스 이즈 덜

▶ 최근에 적자를 보고 있습니다.
I've been in the red lately.
아이브 빈 인 더 뤠드 레이틀리

▶ 늘 어렵습니다.
I'm in trouble all the time.
아임 인 트러블 올 더 타임

Voca brisk 빠른, 바쁜 dull 부진한 in the red 적자인

일반적으로 취미를 묻는 표현에는 Do you have any hobbies? / What are your hobbies? / What is your hobby? 등이 있다. 구체적으로 묻는 경우에는 What kind of hobbies do you have?(취미) / What kind of sports do you like?(스포츠) / What's your favorite kind of music?(음악) / What's your favorite kind of game?(게임) / What kind of books do you like?(책) 등이 있다.

DAY 253 취미에 대해서

I like~ / I am crazy[mad] about~ / My hobby is~로 '~을 좋아한다 / 빠져 있다 / 취미는 ~이다'라고 말할 수 있다.

▶ 취미가 뭡니까?

What is your hobby?
와리스 유어 하비

▶ 무엇에 흥미가 있으세요?

What are you interested in?
와라유 인터뤠스티드 인

▶ 특별한 취미가 있습니까?

Do you have any particular hobbies?
두 유 햅 애니 퍼티큘러 하비즈

▶ 취미삼아 하는 거예요, 먹고 살기 위해 하는 거예요?

Is that for a hobby or for a living?
이즈 댓 훠 러 하비 오어 훠러 리빙

▶ 제 취미는 음악 감상입니다.

My hobby is listening to music.
마이 하비 이즈 리스닝 투 뮤직

Voca hobby 취미 for a living 생계 수단으로

여가 활동에 대해서

여가 시간은 leisure time, spare time, free time 등의 다양한 표현을 사용할 수 있다. 그 외에 What do you do for relaxation?(기분 전환으로 뭐하세요?) / What do you do when you have time off?(일과 후에 뭐하세요?) / What are you going to do for the holiday?(휴일에 뭐하실 거예요?) 등의 표현으로 한가할 때의 계획을 물을 수 있다.

▶ 여가 시간에는 어떤 일을 하는 걸 좋아해요?

What do you like to do in your spare time?
왓 두 유 라익투 두 인 유어 스페어 타임

▶ 여가를 어떻게 보내십니까?

How do you spend your free time?
하우 두 유 스펜드 유어 후리 타임

▶ 주말에는 주로 무엇을 합니까?

What do you usually do on weekends?
왓 두 유 유절리 두 온 위켄즈

▶ 여가시간에 무얼 하십니까?

What do you do in your spare time?
왓 두 유 두 인 유어 스페어 타임

▶ 여가 시간에는 어떤 일을 하는 걸 좋아해요?

What do you like to do in your spare time?
왓 두 유 라익투 두 인 유어 스페어 타임

▶ 여가를 어떻게 보내세요?

How do you spend your leisure time?
하우 두 유 스펜드 유어 레져 타임

Voca on weekends 주말에 spend 보내다

DAY 255 여행에 대해서

여행을 의미하는 단어로는 travel, trip, journey, tour 등이 있다. 주로 일이나 관광 등의 목적을 가지고 단기간 다녀오는 여행은 trip으로 표현한다. 다소 긴 기간, 한 곳에서 다른 곳으로 움직이는 여행은 travel을 사용한다. journey는 흔히 '여정'으로 표현하는데 시간도 많이 걸리고 멀리 가고 다소 힘든 여행을 의미하는 경우가 많으며 여러 장소를 방문하는 계획된 여행은 tour라고 한다.

▶ 나는 여행을 좋아합니다.
I love traveling.
아이 럽 트래블링

▶ 여행은 즐거우셨나요?
Did you have a good trip?
디쥬 해버 굳 트립

▶ 어디로 휴가를 가셨어요?
Where did you go on vacation?
웨어 디쥬 고 온 버케이션

▶ 해외여행을 가신 적이 있습니까?
Have you ever traveled overseas?
해뷰 에버 트래블드 오버씨스

▶ 당신은 오랫동안 여행해 본 적이 있습니까?
Have you ever been on a long journey?
해뷰 에버 빈 온 어 롱 쥐니

▶ 그곳에 얼마나 머무셨습니까?
How long did you stay there?
하우 롱 디쥬 스테이 데어

Voca on vacation 휴가로 overseas 해외로

Part 6

화제 표현

09 오락과 문화

스포츠 관련 표현에는 When does the game start? / What team are you supporting? / Which team is expected to win? / Who do you think will win? 등이 있다. 독서에 대해서는 What kind of books do you like?, 음악에 대해서는 What kind of music do you like?, 그림에 대해서는 Who's your favorite painter?, 영화에 대해서는 What did you think of the movie? 등과 같이 물어볼 수도 있다.

DAY 256 오락에 대해서

casino는 si 부분에 강세를 두고 발음하면 [커씨-노]처럼 발음된다. gamble은 [갬블]과 [갬벌]의 중간으로 발음한다.

▶ 오락실 가는 것을 좋아합니다.

I like to go to the arcades to play video games.

아이 라익투 고 투 더 아케이즈 투 플레이 비디오 게임즈

▶ 이 호텔에는 카지노가 있습니까?

Is there a casino in this hotel?

이즈 데어 어 커씨노 인 디스 호텔

▶ 도박을 하고 싶습니다.

I'd like to gamble.

아이드 라익투 갬블

▶ 쉬운 게임은 있습니까?

Is there any easy game?

이즈 데어 애니 이지 게임

▶ 좋은 카지노를 소개해 주시겠어요?

Could you recommend a good casino?

쿠드 유 뤠커멘더 굳 커씨노

Voca arcade 오락실 gamble 도박 recommend 추천하다

유흥에 대해서

나이트클럽은 콩글리시일 것 같지만 영어로도 nightclub이라고 한다. nightspot 역시 같은 의미이다. 디스코텍은 disco라고만 해도 된다. what kind of는 연음시켜 [왓 카인도브]와 [왓 카인더브]의 중간으로 발음한다.

▶ 이 근처에 유흥업소가 있습니까?

Are there any clubs and bars around here?

아 데어 애니 클럽스 앤 발ㅅ 어라운드 히어

▶ 좋은 나이트클럽은 있나요?

Do you know of a good nightclub?

두 유 노우 어버 굳 나잇클럽

▶ 저는 나이트클럽에 가는 걸 좀 피하는 편입니다.

I tend to shy away from nightclubs.

아이 텐 투 샤이 어웨이 흐롬 나잇클럽

▶ 디너쇼를 보고 싶은데요.

I want to see a dinner show.

아이 원투 씨 어 디너 쇼

▶ 이건 무슨 쇼입니까?

What kind of show is this?

왓 카인더브 쇼 이즈 디스

▶ 함께 춤추시겠어요?

Will you dance with me?

윌 유 댄스 위드 미

Voca bar 술집 tend to ~하는 경향이 있다

258 책에 대해서

'읽다'는 read이다. 과거형과 과거분사형 역시 read인데, 원형은 [리드]라고 읽지만, 과거형과 과거분사형은 [레드]라고 읽는 것에 주의하자. 책을 훑듯이 읽었다면 I gave it the once-over.라고 하고 처음부터 끝까지 다 읽었다면 I read the book from cover to cover.라고 하면 된다.

▶ 어떤 책을 즐겨 읽으십니까?
What kind of books do you like to read?
왓 카인더브 북스 두 유 라익 투 리드

▶ 저는 손에 잡히는 대로 다 읽습니다.
I read everything I can get my hands on.
아이 리드 에브리씽 아이 캔 겟 마이 핸즈 온

▶ 한 달에 책을 몇 권 정도 읽습니까?
How many books do you read a month?
하우 매니 북스 두 유 리드 어 먼쓰

▶ 책을 많이 읽으십니까?
Do you read a lot?
두 유 리드 어 랏

▶ 이 책은 재미없어요.
This book is dull reading.
디스 북 이즈 덜 리딩

▶ 이 책은 지루해요.
This book bores me.
디스 북 볼ㅅ 미

Voca read 읽다 get one's hands on ~을 손에 넣다 dull 지루한

paper가 '종이'라는 의미로 사용될 때는 불가산명사이므로 복수형을 쓸 수 없지만, '신문'이라는 의미로 사용될 때는 가산명사이므로 복수형을 쓸 수 있다. paper는 그 외에도 '서류, 문서, 논문, 시험지, 과제물, 벽지' 등 다양한 의미를 가지고 있다.

▶ 무슨 신문을 보십니까?

Which paper do you read?

위치 페이퍼 두 유 리드

▶ 오늘 신문을 보셨어요?

Have you seen today's paper?

해뷰 씬 투데이즈 페이퍼

▶ 신문 다 읽으셨습니까?

Have you finished the paper?

해뷰 휘니쉬드 더 페이퍼

▶ 어제 신문 읽어봤어요?

Did you read the papers yesterday?

디쥬 리드 더 페이펄ㅅ 예스터데이

▶ 한국의 신문이 있습니까?

Do you have a Korean newspaper?

두 유 해버 코리안 뉴스페이퍼

▶ 신문이 배달이 안 되었습니다.

The newspaper wasn't delivered today.

더 뉴스페이퍼 워즌 딜리버드 투데이

Part 6

화제 표현

Voca paper 신문 deliver 배달하다

DAY 260 음악에 대해서

have a good ear는 '소질이 있다, 이해하다'라는 뜻이다. '음감이 좋다'라는 의미도 있다. 반대말은 have no ear이다. tone-deaf는 '음치의, 음감이 없는'이라는 의미이다. deaf가 단독으로 사용되면 '청각장애의'라는 뜻이다.

▶ 어떤 음악을 좋아하세요?
What kind of music do you like?
왓 카인더브 뮤직 두 유 라익

▶ 어떤 종류의 음악을 들으세요?
What kind of music do you listen to?
왓 카인더브 뮤직 두 유 리슨 투

▶ 취미는 음악 감상입니다.
My hobby is listening to music.
마이 하비 이즈 리스닝 투 뮤직

▶ 음악 듣는 것을 즐깁니다.
I enjoy listening to music.
아이 인죠이 리스닝 투 뮤직

▶ 음악을 매우 좋아합니다.
I'm very fond of music.
아임 베리 훤드 어브 뮤직

▶ 나는 음악에 별 소질이 없는 것 같아.
I think I don't have a very good ear for music.
아이 씽ㅋ 아이 돈 해버 베리 굿 이어 훠 뮤직

Voca be fond of ~을 좋아하다 have a good ear 소질이 있다

collection은 '수집품, 소장품'이라는 의미가 있다. 미술관이나 박물관에 있는 작품들을 가리킬 때 사용할 수 있는 말이다. 그 외에도 '수집, 모음집, 모금' 등의 의미를 가지고 있다. collections는 [렉]에 강세를 두고 발음한다. watercolor는 수채화, oil (painting)은 유화를 말한다. 초상화는 portrait, 정물화는 still life, 풍경화는 landscape painting이라고 한다.

▶ 저는 그림 그리기를 좋아합니다.
I like painting.
아이 라익 페인팅

▶ 저는 미술 작품 감상을 좋아합니다.
I enjoy looking at art collections.
아이 인죠이 룩킹 앳 알ㅌ 컬렉션ㅅ

▶ 그건 누구 작품이죠?
Who is it by?
후 이즈 잇 바이

▶ 미술관에 자주 갑니다.
I often go to art galleries.
아이 오흔 고 투 알ㅌ 갤러리즈

▶ 어떻게 그림을 그리게 되셨습니까?
How did you start painting?
하우 디쥬 스탓ㅌ 페인팅

▶ 정말 아름다운 작품이군요!
What a beautiful piece of work!
왓 어 뷰티풀 피스 어브 웍

Voca painting 그림, 그림 그리기 collection 소장품, 수집품

DAY 262 라디오에 대해서

'라디오를 켜다'는 turn on the radio, '라디오를 끄다'는 turn off the radio이다. 라디오에 자주 나오는 사람을 radio personality라고 하기도 하는데, personality는 '성격, 개성, 특유의 분위기'와 같은 의미로 많이 쓰이는 단어지만, '유명인'이라는 의미도 있다는 것을 기억해 두자.

▶ 라디오 켜도 괜찮지?

Do you mind if I turn on the radio?

두 유 마인드 이프 아이 턴 온 더 뤠디오

▶ 전 라디오가 없어요.

I didn't have my radio on.

아이 디든 햅 마이 뤠디오 온

▶ 그는 라디오를 갖고 있지 않나요?

Doesn't he have a radio?

더즌 히 해버 뤠디오

▶ 나는 라디오에 나왔습니다.

I was on the radio.

아이 워즈 온 더 뤠디오

▶ 그는 라디오에 자주 나오는 사람이야.

He is a radio personality.

히 이져 뤠디오 퍼스낼러티

▶ 난 그것을 라디오에서 들었어요.

I heard it on the radio.

아이 헐 딧 온 더 뤠디오

Voca personality 유명인

often은 '자주, 종종'이라는 의미의 빈도부사로 [오픈]과 [오훈]의 중간으로 발음한다. 빈도부사는 어떠한 일이 얼마나 자주 일어나는지를 표현하는 부사를 말한다. 대표적인 빈도부사로는 always, usually, often, sometimes, never 등이며 뒤로 갈수록 적은 빈도를 의미한다.

▶ 텔레비전을 자주 보세요?

Do you watch TV often?

두 유 와취 티비 오훈

▶ 어떤 텔레비전 프로그램을 좋아하십니까?

Which program do you enjoy most?

위치 프로그램 두 유 인죠이 모슷ㅌ

▶ 그게 언제 방송되죠?

When is it on?

웬 이즈 잇 온

▶ 그것을 텔레비전으로 중계하나요?

Are they televising it?

아 데이 텔러바이징 잇

▶ 몇 게임이나 텔레비전으로 중계됩니까?

How many games are televised?

하우 매니 게임즈 아 텔러바이즈드

▶ 지금 텔레비전에서 무엇을 하죠?

What's on TV?

왓츠 온 티비

Voca televise 텔레비전으로 방송하다

공연에서의 표현은 Who's playing? / Where's the box office? / Are there any tickets? / When does it start? 등이 활용된다. What's on tonight?은 주로 프로그램이나 스케줄을 물을 때 사용하는 표현이다.

▶ 극장 이름은 뭡니까?

What's the name of the theater?

왓츠 더 네임 어브 더 씨어터

▶ 오늘 밤엔 무얼 합니까?

What's on tonight?

왓츠 온 투나잇

▶ 8시부터 뮤지컬을 공연합니다.

There's a musical at 8:00 P.M.

데얼즈 어 뮤지컬 앳 에잇 피엠

▶ 재미있습니까?

Is it good?

이즈 잇 굳

▶ 누가 출연합니까?

Who appears on it?

후 어피어ㅅ 오닛

▶ 오늘 표는 아직 있습니까?

Are today's tickets still available?

아 투데이즈 티켓ㅊ 스틸 어베일러블

Voca   theater 극장 appear 나타나다

288

film은 [휘어음]과 [피어음]의 중간이라는 느낌으로 발음한다. buff는 '~광, 애호가'를 의미한다. 영화의 상영기간을 물어보려면 How long will it be running?, 극장에서 상영 중인 영화를 물어보려면 What's on at the theater?라는 표현을 사용해 보자.

▶ 어떤 영화를 좋아하세요?
What kind of movies do you like?
왓 카인더브 무비스 두 유 라익

▶ 저는 영화광입니다.
I'm a film buff.
아임 어 휘름 법ㅎ

▶ 어떤 종류의 영화를 즐겨 보십니까?
What kind of films do you enjoy watching?
왓 카인더브 휘름s 두 유 인죠이 와칭

▶ 영화배우 중에서 누구를 가장 좋아하세요?
Who do you like best among movie stars?
후 두 유 라익 베숫t 어몽 무비 스타s

▶ 영화를 자주 보러 갑니까?
Do you go to the movies very often?
두 유 고 투 더 무비스 베리 오흔

▶ 그 영화의 주연은 누구입니까?
Who is starring in the movies?
후 이즈 스타링 인 더 무비스

Voca buff ~광 among ~중에서 star 주연을 맡다

식당에서 주문하기 전에 Menu, please?라는 표현을 사용하는데 이는 Can I see the menu?라는 의미이며, 웨이터한테 오늘의 특별 요리를 추천받고자 하면 What's to-day's special?이나 What do you recommend?라고 표현하면 된다. 직설적으로 Do you have any suggestions?라고 표현해도 무방하다. 요리에 대한 평가를 물어볼 때 How would you like it? / How does it taste?라고 할 수 있다.

DAY 266 요리에 대해서

'요리하다'는 cook이다. 요리하는 사람, 즉 '요리사'를 cooker라고 해야 할 것 같지만 그렇지 않다. 요리사 역시 cook이다. cooker는 '요리 기구'를 의미하니 헷갈리지 않도록 한다.

▶ 나는 요리하는 것을 좋아해.
I like to cook food.
아이 라익투 쿡 후드

▶ 나는 요리를 잘해.
I am good at cooking.
아이 앰 굳 앳 쿠킹

▶ 나는 요리를 못해.
I can't cook.
아이 캔ㅌ 쿡

▶ 나는 모든 종류의 음식을 요리할 수 있어.
I can cook all kinds of dishes.
아이 캔 쿡 얼 카인져브 디쉬ㅅ

▶ 나는 그것을 요리하는 방법을 알고 있었어.
I knew how to cook it.
아이 뉴 하우 투 쿠킷

Voca cook 요리하다 good at ~에 능숙하다 dish 접시, 요리

기름진 음식은 oily food라고 한다. greasy food라는 표현을 사용할
수도 있다. 고기를 의미하는 영어 표현을 살펴보면 먹는 고기를 두루 칭
하는 단어는 meat이다. 종류별로 돼지고기는 pork, 닭고기는 chick-
en, 소고기는 beef, 오리고기는 duck이라고 한다.

▶ 전 뭐든 잘 먹어요.
I eat just about everything.
아이 잇 저슷ㅌ 어바웃 에브리씽

▶ 전 먹는 걸 안 가려요.
I'm not picky about my food.
아임 낫 피키 어바웃 마이 후드

▶ 전 식성이 까다로워요.
I'm a picky eater.
아임 어 피키 이러

▶ 전 음식을 가려먹어요.
I'm fussy about food.
아임 훠씨 어바웃 후드

▶ 저는 돼지고기를 못 먹어요.
Pork doesn't agree with me.
포크 더즌 어그뤼 위드 미

▶ 이걸 먹으면 속이 좋지 않습니다.
This makes me sick.
ㄷ스 메익스 미 씩

Part 6

회제 표현

Voca picky 까다로운 fussy 까다로운 pork 돼지고기

DAY 268 맛에 대해서

맛을 표현하는 형용사들을 익혀 두면 좋다. spicy-매운, salty-짠, sour-신, sweet-단, hot-매운, bland-싱거운, mild-순한, fishy-비린 내 나는, tough-질긴, stale-신선하지 않은, fresh-신선한, lean-기름 기가 없는

▶ 맛이 어떻습니까?

How does it taste?

하우 더즈 잇 테이슷ㅌ

▶ 아주 맛있는데요.

It's very good.

잇츠 베리 굿

▶ 이 음식은 너무 맵군요.

This food is spicy.

디스 후드 이즈 스파이시

▶ 군침이 도는군요.

My mouth is watering.

마이 마우쓰 이즈 워터링

▶ 생각보다 맛있군요.

It's better than I expected.

잇츠 베러 댄 아이 익스펙티드

▶ 이건 맛이 별로 없군요.

This is not good.

디스 이즈 낫 굿

Voca spicy 매운 mouth 입

292

요즘은 건강을 위하여 헬스, 에어로빅, 다이어트 댄스, 요가, 인라인 스케이트, 골프 등 기구를 이용하여 운동을 겸하는 생활체육이 열풍처럼 번지고 있다. 시간이나 장소에 구애받지 않고 건강을 지키기 위해 각종 프로그램이 개발되고 있다. 상대방에게 건강을 유지하는 비결을 물어볼 때 How do you keep yourself fit?이라고 표현할 수 있다.

DAY 269 건강에 대해서

healthy는 [헬씨]와 [헬띠]의 중간으로 발음한다.

▶ 나는 건강해.

I am well(= healthy, sound).

아이 앰 웰(= 헬씨, 사운드)

▶ 참 건강하시네요.

You are in very good shape.

유 아 인 베리 굳 쉐잎

▶ 나는 요즈음 건강하지 못한 것 같아.

I think I haven't been feeling well recently.

아이 씽ㅋ 아이 해븐ㅌ 빈 휠링 웰 리쎈틀리

▶ 건강 걱정이 많이 돼.

I am very worried about my health.

아이 앰 베리 워리드 어바웃 마이 헬쓰

▶ 건강이 예전 같지 않아.

I am not as healthy as I used to be.

아이 앰 낫 애즈 헬씨 애즈 아이 유즈드 투 비

Voca in good shape 상태가 좋은 recently 최근

DAY 270 건강관리에 대해서

규칙적인 운동을 한다면 I exercise regularly.라고 하며, 조깅을 한다면 I go jogging everyday.라 하며, 에어로빅을 한다면 I take an aerobic class twice a week.이라고 하며, 산책을 한다면 I take a walk around nearby.라고 표현한다.

▶ 운동을 많이 하십니까?
Do you get much exercise?
두 유 겟 머취 엑써싸이즈

▶ 건강 유지를 위해 무엇을 하세요?
What do you do to stay healthy?
왓 두 유 두 투 스테이 헬씨

▶ 운동은 건강에 좋아.
Exercise is good for the health.
엑써싸이즈 이즈 굿 훠 더 헬쓰

▶ 저는 건강을 유지하려고 노력하고 있습니다.
I try to keep in shape.
아이 트라이 투 킵 인 쉐잎

▶ 술을 줄이려고 마음먹었어.
I'm trying to drink less.
아임 트라잉 투 드링ㅋ 레스

▶ 흡연은 건강에 나빠요.
Smoking is bad for your health.
스모킹 이즈 배드 훠 유어 헬쓰

Voca exercise 운동 keep in shape 건강을 유지하다 less 더 적은

294

Are you all right?은 기분이나 건강 상태 따위를 물을 때 묻는 표현으로 Are you alright?이라고 써도 된다. Are you all right?은 "맘에 듭니까?"라는 의미로 사용할 수도 있다. Are you feeling better?도 "너 기분 좀 괜찮아졌니?"라고 컨디션을 물을 수 있는 표현이다.

▶ 기분은 어때요?
How are you feeling?
하우 아 유 휠링

▶ 안색이 안 좋아 보이시네요.
You don't look very well.
유 돈 룩 베리 웰

▶ 괜찮아요?
Are you all right?
아 유 올 롸잇

▶ 오늘 컨디션은 어떻습니까?
How are you feeling today?
하우 아 유 휠링 투데이

▶ 컨디션은 좀 어때요?
How do you feel?
하우 두 유 휠

▶ 어제보다는 훨씬 컨디션이 좋아요.
I feel much better than yesterday.
아이 휠 머취 베러 댄 예스터데이

Voca much 훨씬 더 yesterday 어제

다이어트에 대한 관심들이 높아지면서 Are you on a diet?(다이어트 중이세요?) / I'm on a diet.(다이어트 중이에요.) 등의 이야기를 많이 들을 수 있다. 체중 감량에 성공하면 I lost weight.이라고 표현한다.

▶ 저는 다이어트 중입니다.

I've been dieting.

아이브 빈 다이어팅

▶ 다이어트를 할까 해요.

I'm going to go on a diet.

아임 고잉 투 고 온 어 다이엇ㅌ

▶ 다이어트를 하기로 결심했어.

I decided to go on a diet.

아이 디싸이디드 투 고 온 어 다이엇ㅌ

▶ 좀 더 엄격한 다이어트를 할 거야.

I resolve to go on a stricter diet.

아이 리절브 투 고 온 어 스트릭터 다이엇ㅌ

▶ 다이어트 좀 해야겠어.

I think I should go on a diet.

아이 씽 아이 슈드 고 온 어 다이엇ㅌ

▶ 무리한 다이어트는 건강에 좋지 않다.

Crash diets are not good for the health.

크래쉬 다이엇ㅊ 아 낫 굳 훠 더 헬쓰

Voca go on a diet 다이어트를 하다 crash 단기 집중적인, 무리한

상대방에게 스포츠에 관하여 어느 정도 관심이 있는지 물어볼 경우에 What sports are you into?(어떤 운동에 관심이 많으십니까?)라고 물어보면 된다. 흔히 스포츠를 좋아한다는 것에는 두 가지 의미가 담겨 있는데 포괄적으로는 What sports do you like?라고 표현하면 무난한데 보는 것(What sports do you watch?)과 하는 것(What sports do you play?)은 분명히 차이가 있다.

DAY 273 스포츠에 대해서

미국 사람들은 스포츠에 관심이 많으므로 스포츠를 화제로 삼으면 대화를 자연스럽게 진행할 수 있다.

▶ 좋아하는 스포츠가 뭡니까?

What's your favorite sport?
왓츠 유어 훼이버릿 스폿ㅌ

▶ 운동하는 걸 좋아합니까?

Do you like to exercise?
두 유 라익 투 엑써싸이즈

▶ 무슨 스포츠를 잘하세요?

What sports are you good at?
왓 스폿ㅊ 아 유 굳 앳

▶ 저는 스포츠 광입니다.

I'm a sports nut.
아임 어 스폿ㅊ 넛

▶ 당신은 얼마나 자주 운동을 하세요?

How often do you work out?
하우 오픈 두 유 워카웃

Voca nut ~광 work out 운동하다

Part 6 화제 표현

297

DAY 274 스포츠를 관전할 때

스포츠 경기의 승패에 대해서 이야기해 보자. '이기다'는 win, '지다'는 lose이다. 무승부로 끝났다고 이야기하려면 end in a tie라는 표현을 쓸 수 있다. "우리는 2:5로 졌어요."라고 점수까지 표현하려면 We lost the game 2 to 5.라고 하면 된다. neck and neck은 '막상막하'라는 의미이다.

▶ 저는 스포츠를 잘하지는 못하지만 보는 것은 좋아합니다.

I'm not good at sports, but I like to watch games.

아임 낫 굳 앳 스폿츠 벗 아이 라익 투 와취 게임즈

▶ 경기장에서 직접 관람하는 것이 더 흥미진진한 것 같아요.

I think watching a live game is much more thrilling.

아이 씽크 와칭 어 라이브 게임 이즈 머취 모어 쓰릴링

▶ 경기는 언제 열리는 겁니까?

When will the match take place?

웬 윌 더 매취 테익 플래이스

▶ 어느 팀이 이길 것 같습니까?

Which team looks like it will win?

위치 팀 룩스 라이킷 윌 윈

▶ 점수가 어떻게 됐어요?

What's the score?

왓츠 더 스코어

▶ 누가 이기고 있죠?

Who's winning?

후즈 위닝

Voca thrilling 아주 신나는 take place 일어나다 win 이기다 score 점수

DAY 275   스포츠 중계를 볼 때

live는 '살아 있는'이라는 의미인데, 방송에 사용될 때는 '생중계의'를 의미한다. 반대말은 taped 혹은 recorded이다. "어느 팀을 응원하세요?"라고 물으려면 Which team do you cheer for? 혹은 What team are you pulling for?라고 표현하면 된다.

▶ TV 경기 중계를 보러 집에 일찍 왔어.

I was home early to watch the game on TV.
아이 워즈 홈 얼리 투 와취 더 게임 온 티비

▶ 나는 TV로 프로야구 경기를 보는 걸 좋아해.

I like to watch baseball on TV.
아이 라익투 와취 베이스볼 온 티비

▶ 나는 TV로 야구 경기하는 것을 보았어.

I watched the baseball game on TV.
아이 와취드 더 베이스볼 게임 온 티비

▶ 오늘 밤 그 경기가 텔레비전에 중계됩니까?

Is the game on tonight?
이즈 더 게임 온 투나잇

▶ 언제 중계됩니까?

When is it on?
웬 이즈 잇 온

▶ 이 게임은 실황중계입니까?

Is this game live?
이즈 디스 게임 라이브

Part 6 화제 표현

Voca　on TV TV로 live 생중계의

⟨Do you like playing + 종목?⟩ 형태는 '~하는 것을 좋아하세요?'라고 묻는 것이다. 몇몇 스포츠 종목을 영어로 알아보자. baseball은 야구, football이나 soccer는 축구, volleyball은 배구, basketball은 농구이다. tennis는 테니스, table tennis는 탁구이며 swimming은 수영, boxing은 권투이다.

▶ 전 축구를 해요.

I play soccer.
아이 플레이 싸커

▶ 그 축구경기 보셨어요?

Did you watch the soccer game?
디드 유 와치 더 싸커 게임

▶ 학창 시절에 축구 선수였습니다.

I was a football player in my school days.
아이 워즈 어 풋볼 플레이어 인 마이 스쿨 데이즈

▶ 난 축구에 관심이 없어.

I'm not interested in football.
아임 낫 인터뤠스티드 인 풋볼

▶ 모든 스포츠 중에서 야구를 가장 좋아해.

I like baseball the best of all the sports.
아이 라익 베이스볼 더 베숫터브 얼 더 스폿츠

▶ 나는 야구광이야.

I am a baseball buff.
아이 애머 베이스볼 법ㅎ

Voca soccer 축구 football 축구 baseball 야구 interested in ~에 관심이 있는

수영을 못하는 사람을 우리말로 맥주병이라고 하는데, 영어에서도 역시 beer bottle in the water라고 표현한다. 수영의 네 가지 영법을 영어로 알아보면 자유형은 freestyle, 접영은 butterfly, 배영은 backstroke, 평영은 breaststroke이다.

▶ 수영하러 갑시다.
Let's go swimming.
렛츠 고 스위밍

▶ 어떤 영법의 수영을 좋아하십니까?
What style of swimming do you like best?
왓 스타일 어브 스위밍 두 유 라익 베숫ㅌ

▶ 저는 수영을 잘 못합니다.
I am a poor swimmer.
아이 앰 어 푸어 스위머

▶ 저는 수영을 아주 잘합니다.
I swim like a fish.
아이 스윔 라이커 휘쉬

▶ 스키를 좋아하세요?
Do you enjoy skiing?
두 유 인죠이 스킹

▶ 매일 아침 조깅하러 갑니다.
I go jogging every morning.
아이 고우 조깅 에브리 모닝

Part 6

화제 표현

Voca fish 물고기 jogging 조깅 every morning 매일 아침

13 외모와 패션

현대인들에게 특히 젊은이들의 중요한 관심사가 바로 외모(appearance)와 패션(fashion)이다. 우리나라에서는 명동, 이대, 홍대, 압구정, 청담동 등의 거리를 가 보면 요즘 세대가 관심을 두고 추구하는 문화가 무엇인지 복장(clothes), 헤어스타일(hair style), 액세서리(accessaries) 등등을 통해 금방 눈치 챌 수 있을 것이다.

DAY 278　체격에 대해서

'체격이 좋다'라고 말할 때는 well-built를 사용한다.

▶ 키가 얼마나 되죠?

How tall are you?

하우 톨 아 유

▶ 5피트 3인치입니다.

I'm five feet three inches.

아임 화이브 휫ㅌ 쓰리 인치스

▶ 키가 얼마입니까?

What's your height?

왓츠 유어 하잇ㅌ

▶ 키가 큰 편이군요.

You're rather tall.

유어 래더 톨

▶ 저는 키가 약간 작습니다.

I'm a little short.

아임 어 리틀 숄ㅌ

Voca　height 높이, 키　tall 키가 큰　short 키가 작은

체중에 대해서

허리에 있는 군살을 재미있는 표현으로 love handles라고 한다. 미스 코리아나 모델들의 신체 사이즈를 이야기할 때나 옷의 사이즈를 알려 줄 때 세 가지 숫자를 이야기하는데 이것은 B-W-H 치수이다. Bust는 가슴, Waist는 허리, Hip은 엉덩이이다.

▶ 최근에 체중이 좀 늘었어요.

I've gained some weight recently.

아이브 게인드 썸 웨잇ㅌ 리쎈틀리

▶ 요즘 체중을 좀 줄였어요.

I've lost some weight these days.

아이브 롸슷ㅌ 썸 웨잇ㅌ 디즈 데이즈

▶ 체중이 얼마입니까?

How much do you weigh?

하우 머춰 두 유 웨잇ㅌ

▶ 키에 비해 몸무게가 많이 나갑니다.

I'm overweight for my height.

아임 오버웨잇 훠 마이 하잇ㅌ

▶ 허리가 굵어질까 조심하고 있습니다.

I'm trying to watch my waist line.

아임 트라잉 투 와취 마이 웨이슷ㅌ 라인

▶ 허리 살을 좀 빼려고 합니다.

I'm trying to make my waist slim.

아임 트라잉 투 메익 마이 웨이슷ㅌ 슬림

Voca gain weight 살이 찌다 lose weight 살이 빠지다 waist 허리

280 외모에 대해서

외모에 대해서 다른 사람을 칭찬하는 모습은 보기 좋지만, 기억해야 할 것은 Don't judge a man by his exterior. 즉 외모로 사람을 판단하지 말아야 한다는 것이다. 외모로 사람을 판단하다 보면 외모지상주의, 즉 lookism에 빠질 수 있다.

▶ 미남이시군요.

You are handsome.

유 아 핸썸

▶ 아, 가까이서 보니 훨씬 미남이시군요.

Oh, you're even better looking up close.

오 유어 이븐 베러 룩킹 업 클로우즈

▶ 아름다우시군요.

You are beautiful.

유 아 뷰티훌

▶ 건강해 보이십니다.

You are in fine shape.

유 아 인 화인 쉐잎

▶ 너 예쁘구나.

You are cute.

유 아 큣ㅌ

▶ 몸매가 날씬하군요.

You have a nice body.

유 해버 나이스 바디

Voca handsome 잘생긴 cute 귀여운, 예쁜, 매력적인

DAY 281 패션에 대해서

'화장'은 make-up이라고 하는데, 화장을 한다고 이야기할 때는 동사 wear나 put on을 사용한다. 옷을 입거나 향수를 사용할 때도 역시 같은 동사를 사용할 수 있다. wear는 화장이나 옷 등을 하거나 착용하고 있는 상태를 말한다면 put on은 화장하고 옷을 입고 신발을 신고 향수를 뿌리는 그 행동 자체를 의미한다고 생각하면 된다.

▶ 내 옷 어때요?

What do you think of my outfit?

왓 두 유 씽커브 마이 아웃휫

▶ 옷 입는 감각이 아주 좋으시군요.

You're very fashionable.

유어 베리 홰쎠너블

▶ 그 여자는 화장을 안 했어요.

She isn't wearing any make-up.

쉬 이즌ㅌ 웨어링 애니 메이컵

▶ 이 옷이 정말 마음에 안 들어요.

I don't really like these clothes.

아이 돈 륄리 라익 디즈 클로우쓰

▶ 그게 무슨 말이세요! 보기 좋은데요.

What nonsense! You look just fine.

왓 넌쎈스 유 룩 저슷ㅌ 화인

▶ 저는 패션에 매우 민감해요.

I'm extremely sensitive to fashion.

아임 익스트림리 쎈써티브 투 홰쎤

Part 6

화제 표현

Voca outfit 옷 clothes 옷 sensitive 민감한

14 성격과 태도

저마다 장점(merits, strong point)이나 단점(weakness, weak point)이 있기 마련인데 유형별로 살펴보면 sociable(사교적인), outgoing (outward-looking, 외향적인), introvert(inward-looking, 내성적인), timid(소심한), reserved(보수적인), optimistic(낙천적인), withdrawn(소극적인), careless(부주의한), positive(긍정적인), negative(부정적인) 등으로 구분할 수 있다.

DAY 282 성격을 물을 때

weakness(약점)의 반대말은 strength(강점)이다. 성격을 말할 때는 반대되는 묘사가 많이 등장하니 짝으로 봐 두면 좋다.

▶ 당신의 성격은 어떻습니까?

What is your personality like?

왓 이즈 유어 퍼스낼러디 라익

▶ 당신은 리더입니까, 추종하는 편니까?

Are you a leader or a follower?

아 유 어 리더 오어 러 활로워

▶ 당신의 약점은 무엇입니까?

What are your weaknesses?

왓 아 유어 위크니시스

▶ 자신을 어떤 성격의 소유자라고 생각하십니까?

What kind of personality do you think you have?

왓 카인더브 퍼스낼러티 두 유 씽큐 햅

▶ 남을 따르는 편니까, 남을 이끄는 편니까?

Are you more of a follower or a leader?

아 유 모어 어버 활로어 오어 러 리더

Voca personality 성격 weakness 약점

I think I am~은 '내 생각에 내 성격은 ~입니다'라고 할 수 있고, Others would say that I'm~은 '다른 사람이 말하기를 내가 ~래요'라고 할 수 있다. I tend to~는 '나는 ~한 성향이에요, ~한 편이에요'라는 의미이다.

▶ 저는 다정한 편인 것 같습니다.

I think I'm friendly.

아이 씽ㅋ 아임 후렌들리

▶ 저는 늘 활동적입니다.

I'm always on the move.

아임 올웨이즈 온 더 무ㅂ

▶ 저는 사교적입니다.

I'm sociable.

아임 쏘셔블

▶ 저는 섬세하면서도 대담하다고 생각합니다.

I think I'm both sensitive and brave.

아이 씽ㅋ 아임 보쓰 쎈써티브 앤 브레이ㅂ

▶ 내성적이라고 생각합니다.

I think I'm an introvert.

아이 씽ㅋ 아임 언 인트로벗ㅌ

▶ 저는 별로 사교적이지 않습니다.

I'm not really sociable.

아임 낫 륄리 쏘셔블

Part 6 화제 표현

Voca friendly 다정한, 친근한 sociable 사교적인 introvert 내성적인 사람

그 사람의 성격이 어떤지 물어보고 싶다면 What is he like?이라고 간단히 말할 수도 있고 What's his personality?라고 말할 수도 있다. 마찬가지로 그 사람의 성격이 어떠하다라고 말하고 싶다면 He is~로 간단하게 말할 수도 있고, He has a~personality라고 말할 수도 있다.

▶ 그 사람 성격이 어때요?

What's his personality?

왓츠 히즈 퍼스낼러리

▶ 그는 어떤 성격의 사람입니까?

What is he like?

왓 이즈 히 라익

▶ 그는 아마 그저 말이 없는 성격일 겁니다.

He's probably just quiet.

히즈 프라버블리 저슷 콰이엇ㅌ

▶ 그는 자신밖에 모릅니다.

He's only out for himself.

히즈 온리 아웃 풔 힘쎌ㅎ

▶ 그녀는 성격이 둥글둥글해.

She is easygoing.

쉬 이즈 이지고잉

▶ 그녀는 성격이 아주 좋습니다.

She's got a great personality.

쉬즈 가러 그뤠잇 퍼스낼러리

Voca quiet 조용한

성격을 칭찬할 때

성격을 묘사하는 긍정적인 의미의 형용사 몇 가지를 살펴보면 active (적극적인), kind(친절한), sweet(상냥한), generous (관대한), gentle (점잖은), sociable(사교적인), outgoing(외향적인) 등이 있다.

▶ 당신은 재미있는 사람이군요.
You are interesting.
유 아 인터뤠스팅

▶ 당신은 정말 좋은 분이에요.
You're a really nice guy.
유어 러 륄리 나이스 가이

▶ 저는 당신 같은 사람이 좋아요.
You are my kind of man.
유 아 마이 카인더브 맨

▶ 당신은 정말 너그러우시군요.
You're a bighearted person.
유어 러 빅할티ㄷ 퍼슨

▶ 당신은 참 개성적이에요.
You have quite a personality.
유 햅 콰잇터 퍼스낼러리

▶ 성격이 원만하시군요.
You're a well-rounded person.
유어 러 웰-라운디드 퍼슨

Voca bighearted 너그러운 well-rounded 원만한

태도에 대해서

be fed up with는 '~에 진절머리가 나다, 질리다'라는 뜻이다. be sick of, be tired of도 같은 뜻이다. 진절머리가 나면 견디기 어려워지고 (pain in the neck) 그러다 보면 절교하자고 말하게 된다(I'm through with you).

▶ 당신은 정말 신사이군요.

You're quite a gentleman.

유어 콰잇터 젠틀맨

▶ 그 사람이라면 진절머리가 나요.

I'm fed up with him.

아임 훼덥 위드 힘

▶ 정말 견디기 어려운 것이다.

It's a pain in the neck.

잇쳐 페인 인 더 넥ㅋ

▶ 참 잘한다!

Good for you!

굳 훠 유

▶ 좋을 대로 하시오.

Suit yourself.

숱 유어쎌ㅎ

▶ 그런 말씀 마십시오.

Don't give me that.

돈 깁 미 댓

Voca gentleman 신사 be fed up with ~에 진절머리가 나다

15 음주와 흡연

일반적으로 술 한잔하자고 요청할 때 How about (having) a drink? / Would you care for a drink? / Would you like a drink? 등과 같이 표현할 수 있으며, 한잔 더하자고 할 때는 Would you like one more drink?라고 표현하면 된다. 상대방에게 술을 권할 경우에는 Would you like something to drink?처럼 술의 종류와 무관하게 사용하면 된다.

DAY 287 주량에 대해서

excess drinking(과음), hangover(숙취), proof(도수) 등의 표현도 추가로 알아 두면 좋다.

▶ 평소에 어느 정도 마십니까?
How much do you usually drink?
하우 머취 두 유 유절리 드링ㅋ

▶ 저는 술고래입니다.
I'm a heavy drinker.
아임 어 헤비 드링커

▶ 전 술 잘 못해요.
I'm not much of a drinker.
아임 낫 머취 어버 드링커

▶ 저는 한 잔만 마셔도 얼굴이 빨개져요.
A single cup of wine makes me flushed.
어 씽글 컵 어브 와인 메익스 미 흘러쉬드

▶ 저는 술을 천천히 마시는 편입니다.
I like to nurse my drinks.
아이 라익 투 널스 마이 드링ㅋㅅ

Voca flushed 상기된, 얼굴이 빨간 nurse 보살피다, 다스리다

Part 6

화제 표현

288 금주에 대해서

술을 끊는다고 이야기할 때는 동사 stop, give up, quit 등을 사용한다. 이 동사들 뒤에는 -ing형이 오므로 stop drinking, give up drinking, quit drinking 형태로 쓸 수 있다. 그 외에도 go on the wagon이라는 표현 역시 '술을 끊다'라는 의미이다.

▶ 알코올은 입에 대지 않기로 했습니다.
I don't touch alcohol.
아이 돈 터취 앨콜

▶ 의사가 술을 마시면 안 된다고 했습니다.
I can't drink. Doctor's orders.
아이 캔ㅌ 드링ㅋ 닥터스 오덜스

▶ 술을 끊는 것이 좋겠습니다.
I advise you to quit drinking.
아이 어드바이즈 유 투 큇 드링킹

▶ 술을 끊었습니다.
I gave up drinking.
아이 게이법 드링킹

▶ 내가 한 번 더 술을 마시면 성을 간다.
If I ever take another drink, I'll shave my head.
이프 아이 에버 테익 어나더 드링ㅋ 아윌 쉐입 마이 헤드

▶ 나는 금주론자이다.
I'm dry. (= I don't drink.)
아임 드라이 (= 아이 돈ㅌ 드링ㅋ)

Voca touch 손대다 advise 조언하다 quit 그만두다

smoke는 [스목ㅋ]의 느낌으로 발음한다. cigarette은 [렛]에 강세를 두고 [씨거렛ㅌ]처럼 발음한다. 술이나 담배를 많이 하는 사람들을 표현할 때는 heavy를 사용한다. heavy smoker는 '골초, 애연가'를 말하며 heavy drinker는 '술고래, 주당'을 의미한다.

▶ 담배를 피우고 싶어 죽겠어요.

I'm dying for a smoke.
아임 다잉 풔 러 스목ㅋ

▶ 아버지는 애연가입니다.

My father is a heavy smoker.
마이 화더 이즈 어 헤비 스모커

▶ 하루에 어느 정도 피웁니까?

How many do you smoke a day?
하우 매니 두 유 스모커 데이

▶ 식후에 피우는 담배는 정말 맛있습니다.

A puff after a meal is really satisfying.
어 펖 애흐터 어 밀 이즈 뤼리 쌔티스화잉

▶ 담배 없이는 단 하루도 못 살 것 같아요.

I guess I can't go without cigarettes even for a day.
아이 게스 아이 캔ㅌ 고 위다웃 씨거렛ㅊ 이븐 풔 러 데이

▶ 흡연은 건강에 나빠요.

Smoking is bad for your health.
스모킹 이즈 배드 풔 유어 헬쓰

Part 6

화제 표현

Voca be dying for ~하고 싶어 못 견디다 puff 담배 피우기

290 담배를 피울 때

담배를 피워서 연기가 많이 나는 곳을 우리말로 너구리굴이라고 재미있게 표현하기도 한다. 그래서 담배를 피우는 것을 보고 '너구리를 잡는다'고 말하는 경우도 있다. 연기가 많은 곳을 보고 영어로는 굴뚝이라는 의미의 smokestack을 사용하여 It's like a smokestack in here. 라고 말할 수 있다.

▶ 담배 좀 빌릴까요?

May I bum a cigarette?

메이 아이 버머 씨거렛

▶ 담배 한 대 피우시겠습니까?

Would you care for a cigarette?

우쥬 케어 훠 러 씨거렛

▶ 불을 빌려 주시겠습니까?

Could I have a light, please?

쿠드 아이 해버 라잇 플리즈

▶ 재떨이를 집어 주시겠어요?

Will you pass me the ashtray?

윌 유 패쓰 미 디 애쉬트뤠이

▶ 담배를 피워도 되겠습니까?

Do you mind if I smoke?

두 유 마인드 이프 아이 스목ㅋ

▶ 여기서 담배를 피울 수 있습니까?

Can I smoke here?

캔 아이 스목ㅋ 히어

Voca bum 얻다 ashtray 재떨이

흡연석은 smoking area 혹은 smoking section이라고 한다. 금연석은 non-smoking area 혹은 non-smoking section이라고 한다. "여기서 담배를 피우시면 안 됩니다."라고 말할 때는 This is the wrong place for smoking이라고 해 보자.

▶ 담배 끊었나요?
Have you quit smoking?
해뷰 큇 스모킹

▶ 여전히 담배를 피우세요?
Do you still smoke?
두 유 스틸 스목크

▶ 담배를 끊으셔야 해요.
You've got to give up smoking.
유브 갓 투 기법 스모킹

▶ 2년 전에 담배를 끊었습니다.
I gave up smoking two years ago.
아이 게이법 스모킹 투 이얼즈 어고우

▶ 당신이 담배를 끊으면 좋겠어요.
I want you to stop smoking.
아이 원츄 투 스탑 스모킹

▶ 담배를 끊었어.
I gave up smoking.
아이 게이법 스모킹

Voca still 여전히 ago ~전에

날씨와 관련된 표현은 주로 ① 계절(season), ② 온도(temperature), ③ 시간 (time)에 따라 달리 표현되게 마련인데 날씨의 상태를 묘사하는 표현에 익숙해져야만 한다. 또한 날씨와 관련된 표현은 일상생활과 밀접한 연관이 있으므로 표현의 다양성에 초점을 두길 바란다.

DAY 292 · 날씨를 물을 때

날씨를 묻는 표현에는 How's the weather? / What's the weather like? / How does the weather look? / How is it outside? / How's the climate? 등이 있다.

▶ 오늘 날씨 어때요?

What's the weather like today?

왓츠 더 웨더 라익 투데이

▶ 그곳 날씨는 어떻습니까?

What's the weather like there?

왓츠 더 웨더 라익 데어

▶ 바깥 날씨는 어떻습니까?

How is the weather out there?

하우 이즈 더 웨더 아웃 데어

▶ 날씨가 참 좋죠?

Isn't it a wonderful day?

이즌 잇 어 원더훌 데이

▶ 이런 날씨 좋아하세요?

Do you like this kind of weather?

두 유 라익 디스 카인더브 웨더

Voca   wonderful 좋은, 훌륭한

climate은 주로 '기후'로 해석되는데 어느 장소의 장기간의 날씨 경향을 의미한다. compare는 '비교하다'라는 의미로 '~와 비교할 때'라고 말하려면 be compared with를 사용할 수 있다. with 대신에 to를 사용할 수도 있다.

▶ 당신 고향의 날씨는 어떻습니까?

What is the weather like in your hometown?

왓 이즈 더 웨더 라익 인 유어 홈타운

▶ 한국에서 7월과 8월은 무척 더워요.

July and August in Korea are so hot.

줄라이 앤 어거스트 인 코리아 아 쏘 핫

▶ 한국의 기후에 대해 어떻게 생각하세요?

What do you think about the climate in Korea?

왓 두 유 씽커바웃 더 클라이밋 인 코리아

▶ 보스턴과 비교해 볼 때 이곳의 날씨는 어떻게 다르지요?

How different is the climate here compared with Boston?

하우 디풔런ㅌ 이즈 더 클라이밋 히어 컴페얼ㄷ 위드 보스턴

▶ 기후는 한국과 다릅니다.

The climate is different from Korea.

더 클라이밋 이즈 디풔런ㅌ 흐롬 코리아

Part 6

화제 표현

Voca   hometown 고향 climate 기후 compare with ~와 비교하다

날씨의 상태를 나타내는 표현에는 hot(더운), cold(추운), windy(바람 부는), clear(청명한), sunny(화창한), foggy(안개 낀), humid(눅눅한), drizzling(보슬비 내리는), snowing(눈이 오는) 등이 있다.

▶ 오늘은 날씨가 화창하군요.
It's a beautiful day today.
잇춰 뷰티훌 데이 투데이

▶ 햇볕이 좋아요.
It's sunny.
잇츠 써니

▶ 맑아요.
It's clear.
잇츠 클리어

▶ 따뜻해요.
It's warm.
잇츠 웜

▶ 건조해요.
It's dry.
잇츠 드라이

▶ 시원해요.
It's cool.
잇츠 쿨

Voca sunny 화창한 clear 맑은 warm 따뜻한 dry 건조한 cool 시원한

일기예보에 대해서

일기예보는 맞았을 때보다 틀렸을 때의 기억이 더 강렬하게 남는다. 일기예보가 틀렸을 때는 The weatherman was wrong again.(일기예보가 또 틀렸네요.)라고 말할 수 있다. The weather forecasts are not to be relied on.(일기예보는 믿을 수가 없습니다.)라고 말할 수도 있다.

▶ 오늘 일기예보는 어떻습니까?
What's the weather forecast for today?
왓츠 더 웨더 훠캐슷ㅌ 훠 투데이

▶ 일기예보에서 뭐라고 하니?
What was the forecast?
왓 워즈 더 훠캐슷ㅌ

▶ 내일 기상 예보를 아세요?
Do you know the weather report for tomorrow?
두 유 노우 더 웨더 리폿ㅌ 훠 투마로우

▶ 내일 날씨가 어떨까요?
How will the weather be tomorrow?
하우 윌 더 웨더 비 투마로우

▶ 일기예보를 확인해 보세요.
Check the weather report.
첵 더 웨더 리폿ㅌ

▶ 일기예보는 오늘 밤이 어떨 거라고 합니까?
What's the weather forecast for tonight?
왓츠 더 웨더 훠캐슷ㅌ 훠 투나잇

Voca weather forecast 일기예보

snow(눈), rain(비), frost(서리), fog(안개), storm(폭풍), wind(바람) 등을 기억해 두자. 비가 오락가락한다고 말할 때는 It is raining on and off.라고 하고 날씨가 우중충하다고 말할 때는 It's lovely weather for ducks.라고 표현할 수 있다는 것도 함께 기억해 두자.

▶ 밖에 아직도 바람이 부나요?
Is it still windy outside?
이즈 잇 스틸 윈디 아웃싸이드

▶ 바람이 세차게 부는군요!
It's really blowing!
잇츠 뤼리 블로잉

▶ 폭풍이 쳐요.
It's stormy.
잇츠 스토미

▶ 비가 와요.
It's raining.
잇츠 뤠이닝

▶ 억수같이 퍼부어요.
It's pouring.
잇츠 푸어링

▶ 비가 많이 와요.
It's wet.
잇츠 웰

Voca blow 바람이 불다 stormy 폭풍이 치는 pour 퍼붓다 wet 축축한

spring(봄), summer(여름), fall/autumn(가을), winter(겨울) 등 사계절을 가리키는 말을 기억해 두자. '가을은 독서의 계절이다.'를 영어로 하면? Autumn is a good season for reading.이라고 할 수 있다.

▶ 어느 계절을 가장 좋아하세요?

Which season do you like best?
위치 씨즌 두 유 라익 베슷ㅌ

▶ 1년 내내 봄날이라면 좋겠어요!

I wish spring lasted all year!
아이 위시 스프링 라슷티드 올 이어

▶ 저는 더위를 잘 타요.

I'm very sensitive to heat.
아임 베리 쎈써티브 투 힡

▶ 비가 많이 오는 계절은 싫어합니다.

I don't like the wet season.
아이 돈 라익 더 웻 씨즌

▶ 가을 기운이 완연해요.

Autumn is in the air.
어텀 이즈 인 디 에어

▶ 겨울이 다가오는 것 같아요.

I think winter is on its way.
아이 씽ㅋ 윈터 이즈 온 잇츠 웨이

Part 6

화제 표현

Voca last 지속되다, 계속되다 heat 더위, 열

시각, 요일, 연월일 등의 시간에 관한 표현은 일상생활에서 언제 어디서든지 입에서 술술 나올 수 있도록 하자. 시간을 물을 때는 What time is it now?(지금 몇 시죠?), 요일을 물을 때는 What day is it today?(오늘이 무슨 요일이죠?), 날짜를 물을 때는 What date is it today?(오늘이 며칠이죠?), 월을 물을 때는 What month is it?(몇 월이죠?)라고 하면 된다.

DAY 298 시간을 물을 때

시간을 묻는 표현에는 What time is it now? / Do you have the time? / What time do you have? 등이 있다.

▶ 지금 몇 시죠?

What time is it now?

왓 타임 이즈 잇 나우

▶ 몇 시입니까?

Can you tell me the time?

캔 유 텔 미 더 타임

▶ 몇 시쯤 됐을까요?

I wonder what time it is.

아이 원더 왓 타임 잇 이즈

▶ 지금이 몇 시라고 생각하십니까?

What time do you think it is?

왓 타임 두 유 씽ㅋ 잇 이즈

▶ 정확히 몇 시입니까?

What's the exact time?

왓츠 디 이그잭 타임

Voca wonder 궁금하다 exact 정확한

It's 3:15.(3시 15분)을 영어로 읽을 때는 It's three fifteen. / It's a quarter past(=after) three. 등의 표현이 가능하다. 또 가령 3시 45분이라면, It's three forty five. / It's three quarters past(=after) three. / It's a quarter to(=before) four. / It's fifteen(minutes) to(=before) four. 등과 같이 여러 가지 방식으로 읽을 수 있다.

▶ 오전 7시입니다.

It's 7 o'clock in the morning.
잇츠 쎄븐 어클락 인 더 모닝

▶ 오전 8시 15분입니다.

It's a quarter after 8 in the morning.
잇춰 쿼터 애흐터 에잇 인 더 모닝

▶ 오후 2시 반입니다.

It's 2:30(two thirty) in the afternoon.
잇츠 투 써리 인 디 애흐터눈

▶ 오후 8시 10분 전입니다.

It's 10 minutes to 8 in the evening.
잇츠 텐 미닛ㅊ 투 에잇 인 디 이브닝

▶ 아직 7시밖에 안 되었어요.

It's still only seven o'clock.
잇츠 스틸 온리 쎄븐 어클락

▶ 6시 반이 다 되어 갑니다.

It's almost 6:30(six thirty).
잇츠 얼머슷ㅌ 씩쓰 써리

'업무시간'은 business hour이고, '휴식시간'은 break이다. 그 외에 시간에 관련되어 짧고 간단하게 쓸 수 있는 문장들을 살펴보면 It's a waste of time.(시간 낭비야.) / You can't tell time.(넌 시간 관념이 없구나.) / How time drags!(시간 참 안 가네!) / Take your time.(천천히 하세요.) 등이 있다.

▶ 업무시간이 언제죠?
What are your business hours?
왓 아 유어 비지니스 아우얼스

▶ 시간 가는 줄 몰랐어요.
I wasn't aware of the time.
아이 워즌ㅌ 어웨어 어브 더 타임

▶ 이 시간에 여기 웬일이세요?
What are you doing here so late?
왓 아 유 두잉 히어 쏘 레잇ㅌ

▶ 이것은 시간을 다투는 문제예요.
This is an extremely urgent matter.
디스 이즈 언 익스트림리 어전 매러

▶ 우리는 허비할 시간이 없어.
We haven't got all day.
위 해븐ㅌ 갓 올 데이

▶ 시간을 내 보세요.
Find the time.
화인 더 타임

Voca be aware of ~을 알다, 의식하다 extremely 극도로 urgent 급한

날짜를 물을 경우에는 What's the date today?라고 할 수 있고 요일을 물을 경우에는 What day is it today? / What's the day today? / What day of the week is it today? 등으로 표현할 수 있다.

▶ 오늘이 며칠이죠?

What's the date today?
왓츠 더 데잇 투데이

▶ 날짜가 언제입니까?

What's the date?
왓츠 더 데잇ㅌ

▶ 오늘이 무슨 날이죠?

What's the occasion?
왓츠 디 어케이션

▶ 오늘이 무슨 특별한 날입니까?

What special day is today?
왓 스페셜 데이 이즈 투데이

▶ 우리 휴가가 며칠부터 시작이죠?

What date does our vacation start?
왓 데잇 더즈 아우어 베케이션 스탓ㅌ

▶ 며칠에 태어났어요?

What date were you born?
왓 데잇 워 유 본

Part 6

화제 표현

Voca occasion 때

325

DAY 302 요일에 대해서

What day is it today?와 유사한 표현으로는 What day of the week is it (today)?가 있다. 요일을 가리키는 표현도 함께 외워 두자. 월요일은 Monday, 화요일은 Tuesday, 수요일은 Wednesday, 목요일은 Thursday, 금요일은 Friday, 토요일은 Saturday, 일요일은 Sunday 이다.

▶ 오늘이 무슨 요일이죠?

What day is it today?
왓 데이 이즈 잇 투데이

▶ 오늘이 수요일입니까, 목요일입니까?

Is today Wednesday or Thursday?
이즈 투데이 웬즈데이 오어 썰쓰데이

▶ 월급날은 무슨 요일이에요?

What day of the week is payday?
왓 데이 어브 더 윅 이즈 페이데이

▶ 미안합니다. 제가 요일을 혼동했군요.

I'm sorry, I'm mixed up on the days.
아임 쏘리 아임 믹쓰ㅌ 어폰 더 데이스

▶ 보통 월요일에서 금요일까지 영업합니다.

Usually, we're open Monday through Friday.
유절리 위아 오픈 먼데이 쓰루 후라이데이

▶ 공휴일이 일요일과 겹쳐 버렸어요.

The holiday fell on Sunday.
더 할러데이 휄 온 썬데이

Voca payday 월급일 be mixed up 뒤죽박죽이 되다, 혼란스럽다 usually 주로

303 월(月)에 관한 표현

월을 가리키는 영어 표현을 외워 두자. 1월은 January, 2월은 February, 3월은 March, 4월은 April, 5월은 May, 6월은 June, 7월은 July, 8월은 August, 9월은 September, 10월은 October, 11월은 November, 12월은 December이다.

▶ 몇 월이죠?

What month is it?

왓 먼쓰 이즈 잇

▶ 이달에 어떤 공휴일이 있지요?

What holiday do we celebrate this month?

왓 할러데이 두 위 쎌러브레잇ㅌ 디스 먼쓰

▶ 몇 달 동안 못 뵈었지요?

It's been months, hasn't it?

잇츠 빈 먼츠 해즌 잇

▶ 여기에 온 지 3개월 되었습니다.

It's three months since I came here.

잇츠 쓰리 먼츠 씬스 아이 케임 히어

▶ 8월 25일까지 끝낼 수 있습니까?

Can you finish it by August 25th?

캔 유 휘니쉬 잇 바이 어거스트 트웨니휩쓰

▶ 월급날은 매달 30일입니다.

Our payday is the 30th of every month.

아우어 페이데이 이즈 더 써리쓰 어브 에브리 먼쓰

Voca celebrate 기념하다 by ~까지

연도를 읽을 때는 네 자리를 두 자리씩 끊어서 읽는다. 즉 2017년은 20을 읽고 17을 읽어 [투웨니 쎄븐틴]으로 읽는다. 작년은 last year, 올해는 this year, 내년은 next year라고 한다는 것도 함께 기억해 두자.

▶ 올해는 몇 년도입니까?

What year is this?

왓 이어 이즈 디스

▶ 몇 년도에 태어나셨어요?

What year were you born?

왓 이어 워 유 본

▶ 올해의 계획은 잘 지켜지고 있습니까?

Are you keeping to your New Year's resolution?

아 유 키핑 투 유어 뉴 이얼스 레절루션

▶ 그 계약은 3년간 유효합니다.

The contract holds good for three years.

더 컨트랙트 홀스 굳 훠 쓰리 이얼스

▶ 저희는 20년이 넘게 사업을 해 왔습니다.

We've been in business for over 20 years.

위브 빈 인 비지니스 훠 오버 트웨니 이얼스

▶ 유니섹스 형식이 올해 유행입니까?

Is unisex mode in style this year?

이즈 유니섹스 모드 인 스타일 디스 이어

Voca resolution 다짐 contract 계약 hold good 유효하다

눈에 뭐가 들어갔어요.
I have something in my eye.
아이 해브 썸씽 인 마이 아이

머리가 아파요.
I have a headache.
아이 해버 헤데익

귀가 아파요.
I have an earache.
아이 해번 이어에익

이가 아파요.
I have a toothache.
아이 해버 투쓰에익

목이 아파요.
I have a sore throat.
아이 해버 소어 쓰로옷

콧물이 나와요.
I have a runny nose.
아이 해버 러니 노우즈

배가 아파요.
I have a stomachache.
아이 해버 스터먹에익

손을 데었어요.
I burned my hand.
아이 번드 마이 핸드

다리가 골절됐어요.
I broke my leg.
아이 브로욱 마이 렉

발목을 삐었어요.
I sprained my ankle.
아이 스프레인드 마이 앵클

여행 표현

외국으로의 여행은 그 자체만으로 가슴을 설레게 한다. 막연하게 아무런 준비 없이 여행이나 출장을 떠나는 것보다는 기본적인 영어 회화를 익혀 두어야 함은 물론이고, 또한 여행 계획을 잘 짜 두어야 훨씬 안전하고 즐거운 여행을 할 수 있다. 따라서 여기서는 여행 시 필요한 숙박, 쇼핑, 관광 등에 관한 다양한 표현을 익히도록 한다.

한국에서 출발하는 항공회사(airline/carrier)의 편(flight)에는 대개 한국인 승무원이 탑승하고 있어서 말이 통하지 않아도 큰 불편은 없다. 비행기를 처음 타거나 배정된 좌석을 찾기 힘들 땐 승무원에게 도움을 요청하면 된다. 만약 외국 비행기에 탑승했을 경우 의사소통이 어렵더라도 좌석권을 승무원에게 보여 주기만 하면 직원들이 알아듣고 서비스를 제공해 준다.

DAY 305 좌석을 찾을 때

창가 쪽 자리는 window seat, 복도 쪽 자리는 aisle seat이라고 한다. 앞쪽은 front, 중간은 middle, 뒤쪽은 back을 사용하여 표현한다.

▶ 제 자리는 어디입니까?

Where's my seat, please?

웨어즈 마이 씨트 플리즈

▶ 탑승권을 보여 주시겠습니까?

Would you show me your boarding pass?

우쥬 쇼 미 유어 보딩 패스

▶ 미안합니다, 지나갈게요.

Excuse me, I'd like to get through.

익스큐즈 미 아이드 라익투 겟 쓰루

▶ 여기는 제 자리인데요.

I think this is my seat.

아이 씽크 디씨즈 마이 씨트

▶ (옆 사람에게) 자리를 바꿔 주시겠습니까?

Could I change seats?

쿠다이 체인지 싯츠

Voca show 보여 주다 boarding pass 탑승권

미국의 대표적인 음료수는 Coca-cola, Pepsi, Fanta, Sprite, Mountain Dew, Dr Pepper 등이 있다. 우리는 음료수를 말할 때 콜라, 사이다, 이온음료 등 음료수의 종류를 말하는 경우가 많은데, 미국은 음료수의 브랜드를 콕 집어 이야기하는 경우가 많다. Sprite, please.라고 바로 말해 버리는 것이다.

▶ 음료는 뭐가 좋겠습니까?

What would you like to drink?

왓 우쥬 라익투 드링크

▶ 어떤 음료가 있습니까?

What kind of drinks do you have?

왓 카인돕 드링스 두 유 해브

▶ 콜라는 있습니까?

Do you have coke?

두 유 해브 코크

▶ 맥주를 주시겠습니까?

Can I have a beer?

캔 아이 해버 비어

▶ 베개와 담요를 주시겠어요?

May I have a pillow and a blanket, please?

메아이 해버 필로우 앤더 브랭킷 플리즈

▶ 한국 신문은 있습니까?

Do you have any Korean newspapers?

두 유 햅 애니 코리언 뉴스페이퍼즈

Part 7 요항 표현

Voca coke 콜라 beer 맥주 pillow 베개 blanket 담요

기내식은 in-flight meal이라고 한다. 음식을 가리거나 아이와 동반한 사람은 탑승 전 특별식을 미리 주문하기도 하는데, 이를 special meal 이라고 한다. beef or chicken[비프 오어 취킨]을 빨리 말하면 before chicken[비포 취킨]처럼 들리기도 한다.

▶ 식사는 언제 나옵니까?

What time do you serve the meal?

왓 타임 두 유 써브 더 밀

▶ 소고기와 닭고기가 있는데, 어느 것으로 하시겠습니까?

Would you like beef or chicken?

우쥬 라이크 비프 오어 취킨

▶ 식사는 필요 없습니다.

I don't feel like eating dinner.

아이 돈트 필 라이크 이팅 디너

▶ 식사는 다 하셨습니까?

Are you through with your meal?

아유 쓰루 위쥬어 밀

▶ 이것은 입국카드입니까?

Is this the immigration form?

이즈 디스 더 이미그레이션 폼

▶ 이 서류 작성법을 가르쳐 주시겠어요?

Could you tell me how to fill in this form?

쿠쥬 텔 미 하우 투 필 인 디스 폼

Voca immigration 입국, 이민

334

환승은 transfer, 경유는 transit인데 둘은 비슷하지만 약간 차이가 있다. 환승은 중간에 내려서 다른 비행기를 타기 때문에 편명이 바뀌며 경유는 중간에 내리긴 하지만 타고 온 비행기를 다시 타는 것이다. 환승 혹은 경유지에서 24시간 미만으로 머무는 경우를 layover라고 하며, 24시간 이상 머무는 경우를 stopover라고 한다. 환승을 위해 갈아타는 비행기는 connecting flight이다.

▶ 이 공항에서 어느 정도 머뭅니까?

How long will we stop here?

하우 롱 윌 위 스탑 히어

▶ 환승 카운터는 어디입니까?

Where's the transfer counter?

웨어즈 더 트랜스퍼 카운터

▶ 탑승수속은 어디서 하면 됩니까?

Where do I check in?

웨어 두 아이 체킨

▶ 환승까지 시간은 어느 정도 있습니까?

How long is the layover?

하우 롱 이즈 더 레이오버

▶ 탑승은 몇 시부터 시작합니까?

When do we board?

웬 두 위 보드

Part 7

여행 표현

Voca transfer 환승하다, 이동하다 layover 도중하차, 일시 체류

목적지 공항에 도착해서 ARRIVAL, TO THE CITY 또는 ENTRY 등의 표시를 따라 immigration 또는 Passport Control을 향해 가면 입국심사 카운터에 도착한다. 기내에서 작성한 입국카드와 여권을 심사관에게 보인다. 입국심사가 끝나면 BAGGAGE CLAIM 의 표시를 따라간다. 짐을 찾으면 CUSTOMS 표시를 따라 세관으로 가서 여권과 세관신고서를 담당에게 보여 주고 통과를 기다린다.

DAY 309 입국수속을 밟을 때

입국 목적을 표현하는 말들로는 business(사업), vacation(휴가), studying(공부), sightseeing(관광), conference(회의) 등이 있다.

▶ 여권을 보여 주시겠습니까?

(May I see) Your passport, please?

(메아이 씨) 유어 패스포트 플리즈

▶ 입국 목적은 무엇입니까?

What's the purpose of your visit?

왓츠 더 퍼포즈 어뷰어 비지트

▶ 얼마나 체류하십니까? (체류 기간)

How long are you staying?

하우 롱 아유 스테잉

▶ 어디에 머무십니까?

Where are you staying?

웨어라유 스테잉

▶ ○○호텔에 머뭅니다.

I'll stay at the ○○Hotel.

아윌 스테이 앳 더 ○○호텔

Voca passport 여권 purpose 목적

수하물, 짐은 baggage 혹은 luggage라고 한다. baggage는 주로 미국에서 많이 쓰는 말이고, luggage는 주로 영국에서 많이 쓰는 말이다. 둘 다 불가산명사이므로 뒤에 -s를 붙여 복수를 만들 수 없다. 따로 부치지 않고 기내에 가지고 탑승하는 짐은 carry-on baggage라고 한다.

▶ 짐은 어디서 찾습니까?
Where can I get my baggage?
웨어 캔 아이 겟 마이 배기쥐

▶ 여기가 714편 짐 찾는 곳입니까?
Is this the baggage conveyer for flight 714?
이즈 디스 더 배기쥐 컨베이어 포 플라이트 세븐 원 포

▶ 714편 짐은 나왔습니까?
Has baggage from flight 714 arrived?
해즈 배기쥐 프럼 플라이트 세븐 원 포 어라이브드

▶ 제 짐이 보이지 않습니다.
I can't find my baggage.
아이 캔트 파인 마이 배기쥐

▶ 이게 수하물인환증입니다.
Here is my claim tag.
히어리즈 마이 클레임 택

▶ 찾으면 제가 있는 호텔로 가져다주세요.
Please deliver it to my hotel when you find it.
플리즈 딜리버릿 투 마이 호텔 웨뉴 파인딧

Voca baggage 짐, 수하물 claim tag 수하물인환증

세관에 물건을 '신고한다'는 말은 report가 아닌 declare를 사용한다.
신고서는 declaration card 혹은 declaration form이다. 어떠한 물품
에 대해서 그 물품이 과세대상이라고 말할 때에는 You have to pay
duty on it.이라고 한다.

▶ 여권과 신고서를 보여 주십시오.

Your passport and declaration card, please.
유어 패스포트 앤 데클러레이션 카드 플리즈

▶ 신고할 것은 있습니까?

Do you have anything to declare?
두 유 해브 에니씽 투 디클레어

▶ 개인 소지품뿐입니다.

I only have personal belongings.
아이 온리 해브 퍼스널 비롱잉스

▶ 이 가방을 열어 주십시오.

Please open this bag.
플리즈 오픈 디스 백

▶ 내용물은 무엇입니까?

What's in it?
왓츠 이닛

▶ 이건 뭡니까?

What's this?
왓츠 디스

Voca declare 신고하다 personal belonging 개인 소지품

요새는 여행을 가기 전에 미리 인터넷으로 많은 정보들을 구할 수 있지만, 많이 알아보지 못한 상태에서 낯선 곳으로 여행을 가면 관광안내소가 큰 도움이 된다. 관광안내소는 tourist information center 혹은 tourist information office라고 한다.

▶ 관광안내소는 어디에 있습니까?

Where is the tourist information center?

웨어리즈 더 투어리스트 인포메이션 센터

▶ 시가지도와 관광 팸플릿을 주시겠어요?

Can I have a city map and tourist brochure?

캔 아이 해버 씨티 맵 앤 투어리스트 브로슈어

▶ 매표소는 어디에 있습니까?

Where is the ticket office?

웨어리즈 더 티킷 오피스

▶ 출구는 어디입니까?

Where is the exit?

웨어리즈 더 엑싯

▶ 여기서 호텔을 예약할 수 있나요?

Can I make a hotel reservation here?

캔 아이 메이커 호텔 레저베이션 히어

▶ 호텔 리스트는 있습니까?

Do you have a hotel list?

두 유 해버 호텔 리스트

Part 7

여행 표현

Voca brochure 책자 ticket office 매표소 exit 출구

요새는 각국의 호텔 정보를 한꺼번에 살펴볼 수 있는 사이트나 스마트폰 앱이 많이 있어서 숙소를 미리 예약하지 않아도 정보를 찾아 당일 예약을 할 수 있기는 하지만, 그래도 안전하게 한국에서 출발하기 전에 미리 예약해 두는 것이 좋다. 예약할 때는 요금, 입지, 치안 등을 고려해서 정한다.

DAY 313 호텔을 찾을 때

'데리러 오다'는 pick up인데, '나를 데리러 오다'라고 말할 때 pick me up이라고 쓴다. pick up me는 틀린 표현이다. 반드시 pick(동사) me (대명사) up(전치사)으로 써야 한다.

▶ 여기서 호텔 예약할 수 있습니까?

Can I make a reservation here?

캔 아이 메이커 레저베이션 히어

▶ 역까지 데리러 오시겠습니까?

Could you pick me up at the station?

쿠쥬 픽미업 앳 더 스테이션

▶ 공항까지 데리러 오시겠습니까?

Could you pick me up at the airport?

쿠쥬 픽미업 앳 디 에어포트

▶ 그 호텔은 어디에 있습니까?

Where is the hotel located?

웨어리즈 더 호텔 로케이티드

▶ 다른 호텔을 소개해 주시겠어요?

Could you tell me where another hotel is?

쿠쥬 텔 미 웨어 어나더 호텔 이즈

Voca pick up 데려다주다, 데리러 오다 locate 위치하다

make a reservation은 '예약을 하다'라는 뜻이다. 몇 박 며칠을 표현할 때는 night과 day를 사용한다. one night and two days는 1박 2일, two nights and three days는 2박 3일이다.

▶ 예약을 하고 싶은데요.
I'd like to make a reservation.
아이드 라익투 메이커 레저베이션

▶ 오늘 밤, 빈방 있습니까?
Do you have any vacancies tonight?
두 유 햅에니 베이컨시즈 투나잇

▶ 숙박요금은 얼마입니까?
How much is the room charge?
하우 마취 이즈 더 룸 챠지

▶ 1박에 얼마입니까?
How much for one night?
하우 마취 포 원 나잇

▶ 요금에 조식은 포함되어 있나요?
Does the room charge include breakfast?
더즈 더 룸 챠지 인클루드 블랙퍼스트

▶ 봉사료와 세금은 포함되어 있습니까?
Does it include service charge and tax?
더짓 인클루드 써비스 챠지 앤 택스

Part 7 여행 표현

Voca vacancy 빈방 charge 요금 include 포함하다

확인서는 confirmation slip, 숙박카드는 registration card라고 표현할 수 있다. 데스크에서 숙박카드를 기입(fill out the registration card)하고 나서 귀중품을 보관해 달라고 요청할 수 있는데 Can you keep my valuables?라고 말하면 된다.

▶ 안녕하세요. 무엇을 도와드릴까요?

Good evening. May I help you?

굿 이브닝 메아이 헬퓨

▶ 예약은 하셨습니까?

Did you have a reservation?

디쥬 해버 레저베이션

▶ 확인서는 여기 있습니다.

Here is my confirmation slip.

히어리즈 마이 컨퍼메이션 슬립

▶ 예약은 한국에서 했습니다.

I made one from Korea.

아이 메이드 원 프럼 코리어

▶ 아직 예약을 하지 않았습니다.

I haven't made a reservation.

아이 해븐트 메이더 레저베이션

▶ 성함을 말해 주시겠어요?

May I have your name?

메아이 해뷰어 네임

Voca confirmation 확인 slip (작은 종이) 조각, 쪽지

342

전망이 좋은 방은 특별히 더 비쌀 정도로 선호도가 높다. 전망 좋은 방은 room with a nice view이다. 바다가 보이는 방은 room with an ocean view이다. view는 '전망'이라는 뜻 외에 '견해, 관점, 시야' 등의 의미를 가지고 있다.

▶ 방을 보여 주시겠어요?

May I see the room?

메아이 씨 더 룸

▶ 좀 더 좋은 방은 없습니까?

Do you have anything better?

두 유 해브 에니씽 베터

▶ 좀 더 큰 방으로 바꿔 주시겠어요?

Could you give me a larger room?

쿠쥬 깁미 어 라저 룸

▶ 조용한 방으로 부탁합니다.

I'd like a quiet room.

아이드 라이커 콰이엇 룸

▶ 전망이 좋은 방으로 부탁합니다.

I'd like a room with a nice view.

아이드 라이커 룸 위더 나이스 뷰

▶ 이 방으로 하겠습니다.

I'll take this room.

아윌 테익디스 룸

Part 7
여행 표현

Voca better 더 좋은 larger 더 큰 view 전망, 시야

DAY 317 · 체크인 트러블

호텔 체크인 시각은 호텔마다 조금씩 다르지만 보통 오후 2시부터이다.
호텔 도착 시간이 6시가 넘을 때는 예약이 취소될 수도 있으므로 늦게
도착할 것 같다면 호텔에 도착시간을 전화로 미리 알려 주는 것이 좋다.

▶ 8시에 도착할 것 같습니다.(늦을 경우)

I'll arrive at your hotel at eight.

아윌 어라이브 앳 유어 호텔 앳 에잇

▶ 예약을 취소하지 마세요.

Please don't cancel my reservation.

플리즈 돈트 캔쓸 마이 레저베이션

▶ 다시 한 번 제 예약을 확인해 주십시오.(예약되어 있지 않을 때)

Check my reservation again, please.

체크 마이 레저베이션 어게인 플리즈

▶ 방을 취소하지 않았습니다.

I didn't cancel the room.

아이 디든트 캔쓸 더 룸

▶ 다른 호텔을 찾으시겠습니까?

Would you refer me to another hotel?

우쥬 리퍼 미 투 어나더 호텔

Voca arrive 도착하다 refer 참조하다

344

룸서비스는 투숙객의 요청으로 객실에 식사, 음료 등을 가져다주는 서비스를 말한다. 그 외에 데스크에 방 호수를 이야기하고 여러 서비스를 신청할 수 있는데 모닝콜(wake up call), 세탁(laundry), 다림질(ironing), 드라이클리닝(dry cleaning) 등이 가능하다.

▶ 룸서비스를 부탁합니다.
Room service, please.
룸 써비스 플리즈

▶ 여기는 1234호실입니다.
This is Room 1234.
디씨즈 룸 트웰브 써리포

▶ 룸서비스입니다. 무엇을 도와드릴까요?
Room service. Can I help you?
룸 써비스 캔 아이 헬퓨

▶ 어느 정도 시간이 걸립니까?
How long will it take?
하우 롱 윌 잇 테이크

▶ 뜨거운 물을 주시겠어요?
Would you bring me boiling water?
우쥬 브링 미 보일링 워러

▶ 누구십니까?(노크 소리에)
Who is it?
후 이짓

Part 7 여행 표현

Voca　boiling water 뜨거운 물, 끓는 물

DAY 319 외출과 호텔 시설을 이용할 때

호텔에는 많은 시설들이 있다. 조금씩 다르겠지만 호텔에서 이용할 수 있는 대표적인 시설들은 커피숍(coffee shop), 바(bar), 식당(dining room), 팩스(fax machine), 자판기(vending machine) 등이다. 이용 후 나중에 정산하겠다는 의미로 "계산은 방으로 해 주세요."라고 할 수 있는데 Will you charge it to my room?이라고 표현한다.

▶ 저한테 온 메시지는 있습니까?

Do you have any messages for me?
두 유 햅 애니 메시지즈 포 미

▶ 오늘 밤 늦게 돌아올 예정입니다.

I'll be back late tonight.
아윌 비 백 레이트 투나잇

▶ 자판기는 있습니까?

Is there a vending machine?
이즈 데어러 밴딩 머쉰

▶ 식당은 어디에 있습니까?

Where is the dining room?
웨어리즈 더 다이닝 룸

▶ 식당은 몇 시까지 합니까?

How late is the dining room open?
하우 레이티즈 더 다이닝 룸 오픈

▶ 이 호텔에 테니스코트는 있습니까?

Is there a tennis court at this hotel?
이즈 데어러 테니스 코트 앳 디스 호텔

Voca vending machine 자판기 dining room 식당

corridor는 복도, 통로를 의미하는데 hallway, aisle과 같은 뜻이다. aisle은 버스나 기차, 비행기 등의 복도 좌석을 의미할 때도 사용된다. 통로석을 달라고 할 때 An aisle seat, please.라고 간단하게 표현할 수 있다.

▶ 열쇠가 잠겨 방에 들어갈 수 없습니다.

I locked myself out.
아이 락트 마이셀프 아웃

▶ 방에 열쇠를 둔 채 잠가 버렸습니다.

I've locked my key in my room.
아이브 락트 마이 키 인 마이 룸

▶ 방 번호를 잊어버렸습니다.

I forgot my room number.
아이 포갓 마이 룸 넘버

▶ 옆방이 무척 시끄럽습니다.

The next room is very noisy.
더 넥스트 룸 이즈 베리 노이지

▶ 복도에 이상한 사람이 있습니다.

There is a strange person in the corridor.
데어리저 스트레인쥐 퍼슨 인 더 코리더

▶ 다른 방으로 바꿔 주시겠어요?

Could you give me a different room?
쿠쥬 깁미 어 디퍼런트 룸

Part 7

요양 표현

Voca lock 잠그다 noisy 시끄러운 strange 이상한 corridor 복도

leave는 '떠나다'라는 의미 외에 '놓아두다, 남기다'라는 뜻도 함께 가지고 있다. "언제 떠날 건가요?"는 When do you leave?, "비행기는 12시에 서울을 떠나요."는 The plane leaves Seoul at 12., "날 그냥 놔둬."는 Leave me alone., "커피 남은 거 있어요?"는 Is there any coffee left? 등으로 leave를 이용해서 다양한 의미를 표현할 수 있다.

▶ 체크아웃은 몇 시입니까?

When is check out time?
웨니즈 체카웃 타임

▶ 몇 시에 떠날 겁니까?

What time are you leaving?
왓 타임 아유 리빙

▶ 하룻밤 더 묵고 싶은데요.

I'd like to stay one more night.
아이드 라익투 스테이 원 모어 나잇

▶ 하루 일찍 떠나고 싶은데요.

I'd like to leave one day earlier.
아이드 라익투 리브 원 데이 얼리어

▶ 오후까지 방을 쓸 수 있나요?

May I use the room till this afternoon?
메아이 유즈 더 룸 틸 디스 애프터눈

▶ 오전 10시에 택시를 불러 주세요.

Please call a taxi for me at 10 A.M.
플리즈 코러 택시 포 미 앳 텐 에이엠

Voca till ~까지

322 체크아웃할 때

일반적으로 호텔의 체크아웃 시간은 12시이지만, 호텔마다 다르므로 미리 알아 두어야 한다. 혹시나 정해진 체크아웃 시간보다 늦게 체크 아웃하기를 원한다면 데스크에 레이트 체크아웃(late check out)을 신청해서 허가를 얻으면 추가 요금 없이 체크아웃을 늦게 할 수 있다.

▶ 체크아웃을 하고 싶은데요.

Check out, please.

체카웃 플리즈

▶ 홍 씨이신가요? 열쇠를 주시겠습니까?

Mr. Hong? May I have the key?

미스터 홍 메아이 햅더 키

▶ 포터를 보내 주세요.

A porter, please.

어 포터 플리즈

▶ 맡긴 귀중품을 꺼내 주세요.

I'd like my valuables from the safe.

아이드 라이크 마이 밸류어블즈 프럼 더 세이프

▶ 출발할 때까지 짐을 맡아 주시겠어요?

Could you keep my baggage until my departure time?

쿠쥬 킵마이 배기쥐 언틸 마이 디파춰 타임

Part 7 요항 표현

Voca valuables 귀중품 safe 금고

계산과 관련된 영어 단어들을 조금만 짚고 넘어가자. 계산서는 bill 혹은 check, 신용카드는 credit card, 현금은 cash, 여행자수표는 traveler's check, 영수증은 receipt, 전자서명은 digital signature 혹은 electronic signature, 신용카드 한도를 초과하다는 max out one's credit card이다.

▶ 방에 물건을 두고 나왔습니다.
I left something in my room.
아이 레프트 썸씽 인 마이 룸

▶ 계산을 부탁합니다.
My bill, please.
마이 빌 플리즈

▶ 신용카드도 됩니까?
Do you accept credit cards?
두 유 억셉트 크레딧 카즈

▶ 여행자수표도 받습니까?
Do you accept traveler's checks?
두 유 억셉트 트래블러즈 첵스

▶ 현금으로 지불하시겠습니까, 카드로 지불하시겠습니까?
Cash or credit card?
캐쉬 오어 크레딧 카드

▶ 전부 포함된 겁니까?
Is everything included?
이즈 에브리씽 인클루디드

Voca accept 수락하다, 받다 traveler's check 여행자 수표

레스토랑에서 식사를 할 경우 예약을 하고 가야 하며, 복장도 신경 쓰는 것이 좋다. 현지인에게 인기 있는 레스토랑은 가격도 적당하고 맛있는 곳이 많다. 예약을 한 후 레스토랑에 도착하면 입구에서 이름을 말하고 안내를 기다린다. 의자에 앉을 때는 여성이 안쪽으로 앉게 한다.

DAY 324 식당을 찾을 때

restaurant는 [레스트란트]처럼 들리기도 한다.

▶ 어디서 먹고 싶으세요?

Where would you like to eat?

웨어 우쥬 라익투 이트

▶ 이 근처에 맛있게 하는 음식점은 없습니까?

Is there a good restaurant around here?

이즈 데어러 굿 레스터런 어라운드 히어

▶ 이곳에 한국 식당은 있습니까?

Do you have a Korean restaurant?

두 유 해버 코리언 레스터런

▶ 가볍게 식사를 하고 싶은데요.

I'd like to have a light meal.

아이드 라익투 해버 라이트 밀

▶ 이 시간에 문을 연 가게는 있습니까?

Is there a restaurant open at this time?

이즈 데어러 레스터런 오픈 앳 디스 타임

Voca light 가벼운

Part 7 여행 표현

식당을 예약할 때

'예약하다'라는 의미로 사용되는 말은 make a reservation이다. reserve라는 한 단어로 사용되기도 하는데, reservation의 동사형이다. reserve는 '예약하다'라는 뜻 외에 '보류하다, 보유하다'라는 의미도 가지고 있다. 우리가 출판물이나 영상물에서 흔히 볼 수 있는 저작권 관련 문장인 All rights reserved.는 모든 권리를 갖고 있다는 의미이다.

▶ 예약이 필요한가요?

Do we need a reservation?
두 위 니더 레저베이션

▶ 그 레스토랑을 예약해 주세요.

Make a reservation for the restaurant, please.
메이커 레저베이션 포 더 레스터런 플리즈

▶ 여기서 예약할 수 있나요?

Can we make a reservation here?
캔 위 메이커 레저베이션 히어

▶ 손님은 몇 분이십니까?

How large is your party?
하우 라쥐 이쥬어 파티

▶ 성함이 어떻게 되시죠?

May I have your name, please?
메아이 해뷰어 네임 플리즈

▶ 거기는 어떻게 갑니까?

How can I get there?
하우 캔 아이 겟 데어

Voca party 단체, 일행 get there 도착하다

352

스테이크는 익히는 정도에 따라서 3단계 정도로 구분한다. rare(설익은), medium(중간의), well-done(잘 익은) 뒤에 please를 붙이면 주문이 된다. 커피도 사람에 따라 sugar, cream 등의 첨가량이 다르다. 따라서 스테이크나 커피 등의 음식은 어떻게 해 드릴까요?라는 의미에서 How would you like your steak[coffee]?라고 추가로 물을 수 있다.

▶ 주문을 받아도 될까요?

Are you ready to order?
아유 레디 투 오더

▶ 요리는 어떻게 익혀 드릴까요?

How would you like it?
하우 우쥬 라이킷

▶ 마실 것은 무엇으로 하시겠습니까?

What would you like to drink?
왓 우쥬 라익투 드링크

▶ 다른 주문은 없습니까?

Anything else?
에니씽 엘스

▶ 디저트는 어떻게 하시겠습니까?

What would you like to have for dessert?
왓 우쥬 라익투 햅포 디저트

Part 7

요항 표현

Voca order 주문하다 dessert 후식

353

order는 '순서, 질서'라는 의미 외에 '주문, 주문하다'라는 의미가 있다. 물건을 주문할 때나 음식을 주문할 때 모두 order를 사용하여 말을 할 수 있다. 웨이터가 주문을 받을 때는 Are you ready to order?(주문하시겠어요?)라고 한다. '주문하다'는 order 단독으로 쓸 수도 있지만 give an order라고 쓸 수도 있다. '주문을 받다'는 take an order이다.

▶ 메뉴 좀 볼 수 있을까요?
Can I see the menu, please?
캔 아이 씨 더 메뉴 플리즈

▶ 주문을 하고 싶은데요.
We are ready to order.
위 아 레디 투 오더

▶ 이걸 부탁합니다.
I'll take this one.
아월 테익디스 원

▶ 이것과 이것으로 주세요. (메뉴를 가리키며)
This and this, please.
디스 앤 디스 플리즈

▶ 무엇이 빨리 됩니까?
What can you serve quickly?
왓 캔 유 써브 퀴클리

▶ 이건 어떤 맛입니까?
What's the taste?
왓츠 더 테이스트

Voca serve 음식을 제공하다 quickly 빨리 taste 맛

동사의 과거형을 만들려면 기본적으로 단어 뒤에 -ed를 붙인다. 하지만 dropped와 같이 맨 뒤의 자음이 한 번 더 나오고 -ed가 붙는 경우가 있다. 〈단모음 + 단자음〉으로 끝나는 동사이거나, 2음절인데 뒤에 강세가 들어가는 동사는 자음을 한 번 더 붙이고 -ed를 붙인다. stop-stopped, plan-planned, prefer-preferred 등이 그러하다.

▶ 빵을 좀 더 주실래요?

Can I have more bread?

캔 아이 해브 모어 브레드

▶ 디저트 메뉴는 있습니까?

Do you have a dessert menu?

두 유 해버 디저트 메뉴

▶ 물 한 잔 주세요.

I'd like a glass of water, please.

아이드 라이커 글래쏩 워러 플리즈

▶ 소금 좀 갖다 주시겠어요?

Could I have some salt, please?

쿠다이 해브 썸 쏠트 플리즈

▶ 나이프[포크]를 떨어뜨렸습니다.

I dropped my knife[fork].

아이 드랍트 마이 나이프[포크]

▶ ~을 추가로 부탁합니다.

I'd like to order some more~.

아이드 라익투 오더 썸 모어

Part 7 여행 표현

Voca bread 빵 glass 한 잔(의 양) salt 소금 drop 떨어뜨리다

비교급을 강조하여 수식하는 부사는 much, far, even, a lot, still 등이 있다. 참고로 최상급을 강조하여 수식하는 부사로는 the very, much, by far 등이 있고, 원급을 수식하는 부사는 대표적으로 very 가 있다.

▶ 아직 시간이 많이 걸립니까?

Will it take much longer?

윌릿 테이크 마취 롱거

▶ 주문한 음식이 아직 안 나왔습니다.

My order hasn't come yet.

마이 오더 해즌트 컴 옛

▶ 주문한 것 어떻게 된 거죠?

What happened to my order?

와랫픈드 투 마이 오더

▶ 서비스가 늦군요.

The service is slow.

더 써비스 이즈 슬로우

▶ 이건 주문하지 않았습니다.

I didn't order this.

아이 디든트 오더 디스

Voca slow 늦은

funny는 우리가 흔히 '웃기는'이라는 의미로 알고 있는 단어지만, 그 외에도 '이상한, 의심스러운' 등의 뜻이 있다. 비슷한 의미의 단어로는 amusing(재미있는), entertaining(재미있는), witty(재치 있는), humorous(유머러스한), comic(희극의) 등이 있다.

▶ 다시 가져다주시겠어요?

Could you take it back, please?
쿠쥬 테이킷 백 플리즈

▶ 수프에 뭐가 들어 있어요.

There's something in the soup.
데어즈 썸씽 인 더 수프

▶ 음식에 이상한 것이 들어 있어요.

There is something strange in my food.
데어리즈 썸씽 스트레인지 인 마이 푸드

▶ 이 고기는 충분히 익지 않았는데요.

I'm afraid this meat is not done enough.
아임 어프레이드 디스 밋 이즈 낫 던 이넙

▶ 좀 더 구워 주시겠어요?

Could I have it broiled a little more?
쿠다이 해빗 브로일더 리틀 모어

▶ 이 우유 맛이 이상합니다.

This milk tastes funny.
디스 밀크 테이스츠 퍼니

Part 7 여행 표현

Voca done 바짝 구운 broil 굽다 funny 이상한

Could I[쿠드 아이]는 연음되어 [쿠다이]로 발음한다. Could you[쿠드 유]는 연음되어 [쿠쥬]로 발음하며, Would you[우드 유]는 연음되어 [우쥬]로 발음한다. 영어 문장을 발음할 때 단어를 분명하게 끊어서 읽을 필요 없이 연음하여 발음되는 것들은 충분히 이어서 발음하도록 한다.

▶ 다른 것을 더 드시겠습니까?

Will you have something else?
월 유 해브 썸씽 엘스

▶ 그밖에 다른 것은요?

Anything else?
에니씽 엘스

▶ 치즈 좀 더 주시겠어요?

Could I have a little more cheese, please?
쿠다이 해버 리틀 모어 치즈 플리즈

▶ 식탁 좀 치워 주시겠어요?

Could you please clear the table?
쿠쥬 플리즈 클리어 더 테이블

▶ 테이블 위에 물 좀 닦아 주세요.

Wipe the water off the table, please.
와이프 더 워러 오프 더 테이블 플리즈

▶ 이 접시들 좀 치워 주시겠어요?

Would you take the dishes away?
우쥬 테익더 디쉬즈 어웨이

Voca anything else 그밖에 다른 것 clear 치우다

DAY 332 식비를 계산할 때

Let me treat you this time.(이번에는 제가 살게요.)와 비슷한 표현은 I'll treat you.(제가 낼게요.)이다. It's on me. 역시 내가 사겠다는 의미의 말이다. 각자 계산하자고 할 때 우리는 흔히 더치페이하자고 하는데, Let's pay Dutch. 혹은 Let's Dutch pay.라고 하지 않고 Let's go Dutch.라고 하면 된다.

▶ 계산서를 부탁합니다.
Check, please.
체크 플리즈

▶ 지금 지불할까요?
Do I pay you now?
두 아이 페이 유 나우

▶ 각자 계산하기로 합시다, 어때요?
Let's go Dutch, shall we?
렛츠 고 더치 쉘 위

▶ 이번에는 내가 사죠.
Let me treat you this time.
렛 미 트릿츄 디스 타임

▶ 따로따로 지불을 하고 싶은데요.
Separate checks, please.
쎄퍼레이트 첵스 플리즈

▶ 봉사료는 포함되어 있습니까?
Isn't it including the service charge?
이즌닛 인클루딩 더 써비스 챠지

Part 7

요알 표현

Voca check 계산서 pay 지불하다 go Dutch 비용을 각자 내다

For here or to go?(여기서 드실 건가요, 가지고 가실 건가요?)에 대하여 여기서 먹을 거라고 말하려면 I'll eat it here. / I'll have it here. 등으로 대답하며 가지고 갈 거라고 말하려면 To go, please. / Take out, please. 등으로 대답한다.

▶ 이 근처에 패스트푸드점은 있습니까?

Is there a fastfood store around here?
이즈 데어러 패스트푸트 스토어 어라운드 히어

▶ 주문하시겠어요?

May I take your order?
메아이 테이큐어 오더

▶ 2번 세트로 주세요.

I'll take the number two combo.
아월 테익더 넘버 투 콤보

▶ 어느 사이즈로 하시겠습니까?

Which size would you like?
위치 싸이즈 우쥬 라이크

▶ 마실 것은요?

Something to drink?
썸씽 투 드링크

▶ 여기서 드실 건가요, 가지고 가실 건가요?

For here or to go?
포 히어 오어 투 고

Voca fastfood 패스트푸드 store 가게 around 근처에

관광안내소에는 무료의 시내지도, 지하철, 버스 노선도 등이 구비되어 있는 경우가 많으므로 정보를 수집하기에 좋다. 미술관이나 박물관은 휴관일을 확인하고 나서 일정을 잡는 것이 좋다. 요일에 따라서 개관을 연장하거나 할인요금이나 입장료가 달라지는 곳도 있으므로 가이드북을 보고 확인하자. 교회나 성당은 관광지이기 전에 신성한 종교 건물이므로 들어갈 때 정숙하지 못한 복장이나 소란을 삼가야 한다.

DAY
334 관광안내소에서

May I help you?와 비슷한 표현으로는 Can I help you? / How can I help you? / How may I help you? / Would you like some help? / What can I do for you? 등이 있다.

▶ 관광안내소는 어디에 있습니까?
Where's the tourist information center?
웨어즈 더 투어리스트 인포메이션 센터

▶ 안녕하세요. 무엇을 도와드릴까요?
Good morning. May I help you?
굿 모닝 메아이 헬퓨

▶ 관광안내 책자를 하나 주시겠어요?
Can I have a sightseer's pamphlet?
캔 아이 해버 싸이트씨어즈 팸플릿

▶ 무료 시내지도 있습니까?
Do you have a free city map?
두 유 해버 프리 씨티 맵

▶ 관광지도 좀 주시겠어요?
Can I have a sightseeing map?
캔 아이 해버 싸이트씽 맵

Voca sightseer 관광객 pamphlet 책자

Part 7

요일 표현

투어를 이용할 때

How long does it take to~?는 '~까지 가는 데 시간이 얼마나 걸리나요?'라는 뜻을 가진 패턴이다. to 뒤에 장소를 의미하는 명사가 온다. 물론 동사가 올 수도 있는데, 그럴 때는 '~하는 데 시간이 얼마나 걸리나요?'로 해석할 수 있다. 이에 대한 대답은 It takes~로, '시간이 ~이 걸립니다'라는 의미이다.

▶ 어떤 투어가 있습니까?

What kind of tours do you have?

왓 카인돕 투어즈 두 유 해브

▶ 관광버스 투어는 있습니까?

Is there a sightseeing bus tour?

이즈 데어러 싸이트씽 버스 투어

▶ 투어는 매일 있습니까?

Do you have tours every day?

두 유 해브 투어즈 에브리 데이

▶ 오전 코스는 있습니까?

Is there a morning tour?

이즈 데어러 모닝 투어

▶ 야간관광은 있습니까?

Do you have a night tour?

두 유 해버 나잇 투어

▶ 투어는 몇 시간 걸립니까?

How long does it take to complete the tour?

하우 롱 더짓 테익투 컴플릿 더 투어

Voca tour 관광 complete 끝마치다

관광버스 안에서

head는 명사로 '머리, 책임자'라는 의미를 가지고 있는데 동사로 사용되면 '~로 향하다, ~을 이끌다'라는 뜻으로 사용된다. 그 외에도 '앞면, 머리 하나 크기, 맨 윗부분, 맨 앞쪽, 책임지다, 맨 앞에 있다, 제목을 붙이다' 등의 다양한 의미를 가지고 있다.

▶ 지금 어디로 가고 있습니까?
Where are we headed?
웨어라 위 헤디드

▶ 저것은 무엇입니까?
What is that?
와리즈 댓

▶ 저것은 무슨 강입니까?
What is the name of that river?
와리즈 더 네임 옵댓 리버

▶ 저것은 무슨 산입니까?
What is the name of that mountain?
와리즈 더 네임 옵댓 마운튼

▶ 차 안에 화장실이 있습니까?
Is there a restroom on the bus?
이즈 데어러 레스트 룸 온 더 버스

▶ 여기서 얼마나 머뭅니까?
How long do we stop here?
하우 롱 두 위 스탑 히어

Part 7

요약 표현

Voca river 강 mountain 산 restroom 화장실

buy a는 연음되어 [바이어]로 발음된다. Is there a 역시 연음되어 [이즈 데어러]로 발음된다. admission의 a는 d에 덧붙여지는 느낌으로 약하고 짧게 [어] 정도의 음가를 갖는다. have a는 연음되어 [해버]로 발음된다.

▶ 티켓은 어디서 삽니까?

Where can I buy a ticket?

웨어 캔 아이 바이어 티킷

▶ 입장료는 유료입니까?

Is there a charge for admission?

이즈 데어러 챠지 포 어드미션

▶ 입장료는 얼마입니까?

How much is the admission fee?

하우 마취 이즈 더 어드미션 피

▶ 어른 2장 주세요.

Two adults, please.

투 어덜츠 플리즈

▶ 학생 1장 주세요.

One student, please.

원 스튜던트 플리즈

▶ 단체할인은 해줍니까?

Do you have a group discount?

두 유 해버 그룹 디스카운트

Voca admission fee 입장료 discount 할인

직접의문문은 〈의문사 + 동사 + 주어〉 형태를 취하지만 간접의문문 안으로 들어가면 주어와 동사의 위치가 바뀌어 〈의문사 + 주어 + 동사〉 형태가 된다. 즉 Do you know + what is that?은 Do you know what that is?가 된다.

▶ 정말 아름다운 경치군요!

What a beautiful sight!

와러 뷰티풀 싸이트

▶ 전망이 기가 막히군요!

What a fantastic view!

와러 팬태스틱 뷰

▶ 저 조각상은 뭐죠?

What's that statue?

왓츠 댓 스태츄

▶ 이게[저게] 뭐죠?

What is this[that]?

와리즈 디스[댓]

▶ 저게 뭔지 아세요?

Do you know what that is?

두 유 노우 왓 데리즈

▶ 저 건물은 무엇입니까?

What is that building?

와리즈 댓 빌딩

Voca sight 광경 statue 조각상

discount가 사용되는 단어들은 다음과 같다. discount rate-할인율, cash discount-현금 할인, discount house-할인점, discount ticket-할인 티켓, extra discount-특별 할인, discount price-할인가

▶ 이 티켓으로 모든 전시를 볼 수 있습니까?

Can I see everything with this ticket?

캔 아이 씨 에브리씽 위드 디스 티킷

▶ 무료 팸플릿은 있습니까?

Do you have a free brochure?

두 유 해버 프리 브로슈어

▶ 짐을 맡아 주세요.

I'd like to check this baggage.

아이드 라익투 첵디스 배기쥐

▶ 관내를 안내할 가이드는 있습니까?

Is there anyone who can guide me?

이즈 데어래니원 후 캔 가이드 미

▶ 그 박물관은 오늘 엽니까?

Is the museum open today?

이즈 더 뮤지엄 오픈 투데이

▶ 재입관할 수 있습니까?

Can I reenter?

캔 아이 리엔터

Voca museum 박물관 reenter 재입장하다

take a picture[video]는 '사진[비디오]을 찍다'는 뜻을 가진 중요한 표현이다. take는 의미가 정말 많은 동사이다. 활용되는 곳이 매우 많으므로 조금은 신경 써서 알아 두는 것이 좋다. take의 의미로는 '가지고 가다, 데리고 가다, 잡다, 치우다, 얻다, 먹다, 빼다, 측정하다, 받다, 당하다, 시간이 걸리다, 수강하다' 등이 있다.

▶ 여기서 사진을 찍어도 됩니까?
May I take a picture here?
메아이 테이커 픽춰 히어

▶ 여기서 플래시를 터뜨려도 됩니까?
May I use a flash here?
메아이 유저 플래쉬 히어

▶ 비디오 촬영을 해도 됩니까?
May I take a video?
메아이 테이커 비디오

▶ 당신 사진을 찍어도 되겠습니까?
May I take your picture?
메아이 테이큐어 픽춰

▶ 함께 사진을 찍으시겠습니까?
Would you take a picture with me?
우쥬 테이커 픽춰 위드 미

Part 7 여행 표현

Voca take a picture 사진을 찍다 take a video 비디오 촬영을 하다

앞에서도 언급했지만, take a picture는 매우 흔하게 사용되는 구문이다. 사진을 찍는 것을 의미할 때 동사 take를 사용한다는 것을 반드시 기억하자. take a picture는 연음되어 [테이커 픽쳐]로 발음된다. a가 앞의 단어와 합해지며 약하게 발음되는 경우가 많다. write your 역시 연음되어 한 단어처럼 [라이츄어]로 읽는다.

▶ 제 사진을 찍어 주시겠어요?

Would you take a picture of me?
우쥬 테이커 픽쳐 옵미

▶ 저희들 사진 좀 찍어 주시겠어요?

Would you please take a picture for us?
우쥬 플리즈 테이커 픽쳐 포러스

▶ 한 장 더 부탁합니다.

One more, please.
원 모어 플리즈

▶ 나중에 사진을 보내 드리겠습니다.

I'll send you the picture.
아월 센듀 더 픽쳐

▶ 주소를 여기서 적어 주시겠어요?

Could you write your address down here?
쿠쥬 라이츄어 어드레스 다운 히어

Voca send 보내다 write down 적다

368

요새는 디지털카메라와 휴대폰카메라가 워낙 대중화되어 있어 필름 카메라로 직접 현상을 하는 일은 흔하지 않다. 하지만 만일의 경우를 대비하여 기본적인 대화는 짚고 넘어가는 것도 좋을 것이다. develop이 '개발하다' 외에 '현상하다'라는 의미도 있다는 것을 기억해 두면 좋다.

▶ 필름은 있습니까?

Do you have any film?

두 유 햅에니 필름

▶ 건전지는 어디서 살 수 있나요?

Where can I buy a battery?

웨어 캔 아이 바이 어 배러리

▶ 이것을 현상해 주시겠어요?

Could you develop this film?

쿠쥬 디벨러프 디스 필름

▶ 인화를 해 주시겠어요?

Could you make copies of this picture?

쿠쥬 메이크 카피좁 디스 픽쳐

▶ 언제 됩니까?

When can I have it done by?

웬 캔 아이 해빗 던 바이

Part 7 여행 표현

Voca　battery 건전지　develop 현상하다

쇼핑을 할 때

바겐시즌은 미국의 경우 1월, 3월, 11월이고, 영국에서는 6~7월, 12~1월로 나라에 따라 다르다. 가게에 들어가면 점원에게 가볍게 Hello!나 Hi!라고 인사한다. Are you looking for something?(무엇을 찾으십니까?/어서 오세요.)이라고 물었을 때 살 마음이 없는 경우에는 I'm just looking.(그냥 둘러볼게요.)이라고 대답한다. 말을 걸었는데 대답하지 않거나 무시하는 것은 상대에게 실례이다.

DAY 343 쇼핑센터를 찾을 때

souvenirs는 '기념품, 선물'이라는 뜻으로, 불어(기억, 기념, 회상)에서 온 말이다.

▶ 쇼핑센터는 어디에 있습니까?

Where's shopping mall?
웨어즈 샤핑 몰

▶ 이 도시의 쇼핑가는 어디에 있습니까?

Where is the shopping area in this town?
웨어즈 더 샤핑 에어리어 인 디스 타운

▶ 쇼핑 가이드는 있나요?

Do you have a shopping guide?
두 유 해버 샤핑 가이드

▶ 선물은 어디서 살 수 있습니까?

Where can I buy some souvenirs?
웨어 캔 아이 바이 썸 수버니어스

▶ 면세점은 있습니까?

Is there a duty-free shop?
이즈 데어러 듀티프리 샵

Voca area 구역 duty-free shop 면세점

DAY 344 매장을 찾을 때

층을 의미하는 floor 앞에는 서수가 붙는다. 1층은 first floor, 2층은 second floor 등인데, 영국에서는 우리가 생각하는 1층을 ground floor라고 부르고 그 위층을 first floor라고 하므로 헷갈리지 않도록 한다.

▶ 매장 안내소는 어디입니까?

Where is the information booth?
웨어리즈 디 인포메이션 부쓰

▶ 장난감은 어디서 팝니까?

Where do they sell toys?
웨어 두 데이 쎌 토이즈

▶ 남성복은 몇 층에 있습니까?

Which floor is the men's wear on?
위치 플로어 이즈 더 맨스 웨어 온

▶ 가장 가까운 식료품점은 어디에 있습니까?

Where's the nearest grocery store?
웨어즈 더 니어리슷 그로우서리 스토어

▶ 세일은 어디서 하고 있습니까?

Who's having a sale?
후즈 해빙 어 쎄일

Part 7 여행 표현

Voca booth 작은 공간, 부스 sell 팔다 toy 장난감 grocery store 식료품점

371

신발의 종류를 익혀 두자. 특히 신발은 두 개가 한 짝이므로 항상 복수로 써야 한다는 것도 기억하자. shoes-구두, running shoes-운동화, sandals-샌들, boots-부츠, high heels-하이힐, slippers-슬리퍼, flip-flops-쪼리, sneakers-밑창이 고무로 된 신발

▶ 여기 잠깐 봐 주시겠어요?

Hello. Can you help me?
헬로우 캔 유 헬프 미

▶ 블라우스를 찾고 있습니다.

I'm looking for a blouse.
아임 루킹 포러 브라우스

▶ 운동화를 사고 싶은데요.

I want a pair of sneakers.
아이 워너 페어 오브 스니커즈

▶ 아내에게 선물할 것을 찾고 있습니다.

I'm looking for something for my wife.
아임 루킹 포 썸씽 포 마이 와이프

▶ 캐주얼한 것을 찾고 있습니다.

I'd like something casual.
아이드 라이크 썸씽 캐주얼

▶ 선물로 적당한 것은 없습니까?

Could you recommend something good for a souvenir?
쿠쥬 레커멘드 썸씽 굿 포러 수버니어

Voca souvenir 기념품, 선물

물건을 보고 싶을 때

in stock은 '비축되어, 재고로'라는 의미이다. 반대말은 out of stock 으로 '품절, 매진이 되어'라는 의미이다. have goods in stock은 '재고 가 있다', go out of stock은 '매진되다'라는 의미로 사용하는 말이다.

▶ 다른 것을 보여 주시겠어요?

Can you show me another one?

캔 유 쇼 미 어나더 원

▶ 잠깐 다른 것을 보겠습니다.

I'll try somewhere else.

아월 트라이 썸웨어 엘스

▶ 이 물건 있습니까?

Do you have this in stock?

두 유 해브 디스 인 스탁

▶ 저희 상품들을 보여 드릴까요?

May I show you our line?

메아이 쇼 유 아워 라인

▶ 마음에 드는 게 없군요.

I don't see anything I want.

아이 돈트 씨 에니씽 아이 원트

▶ 그런 상품은 취급하지 않습니다.

We don't carry that item.

위 돈트 캐리 댓 아이템

Part 7

여행 표현

Voca in stock 재고로 carry 취급하다

plain은 '분명한, 솔직한' 등의 의미를 가지고 있으며, 외형을 묘사할 때는 '소박한, 무늬가 없는' 등의 의미도 가지고 있다. 플레인 요거트의 플레인도 이 plain인데, 과일 등이 첨가되지 않은 요거트를 말한다.

▶ 무슨 색이 있습니까?

What kind of colors do you have?

왓 카인돕 컬러즈 두 유 해브

▶ 너무 화려[수수]합니다.

This is too flashy[plain].

디씨즈 투 플래쉬[플레인]

▶ 더 화려한 것은 있습니까?

Do you have a flashier one?

두 유 해버 플래쉬어 원

▶ 이 색은 좋아하지 않습니다.

I don't like this color.

아이 돈트 라이크 디스 컬러

▶ 감청색으로 된 것을 좀 볼 수 있겠습니까?

May I see some dark-blue ones?

메아이 씨 썸 다크 블루 원스

▶ 무늬가 없는 것은 없습니까?

Don't you have any plain color ones?

돈츄 햅에니 플레인 컬러 원스

Voca flashy 호화로운, 화려한 plain 무늬가 없는, 수수한

374

348 사이즈를 고를 때

measure는 '치수를 재다, 측정하다'라는 의미인데, 여기서 발전하여 '판단하다, 평가하다'라는 의미로도 사용된다. take one's measurement 역시 '치수를 재다'라는 말이다. take my waist measurement라고 하면 '내 허리둘레를 재다'가 되는 것이다.

▶ 어떤 사이즈를 찾으십니까?
What size are you looking for?
왓 사이즈 아유 루킹 포

▶ 사이즈는 이것뿐입니까?
Is this the only size you have?
이즈 디스 디 온리 싸이즈 유 해브

▶ 제 사이즈를 모르겠는데요.
I don't know my size.
아이 돈트 노우 마이 싸이즈

▶ 사이즈를 재주시겠어요?
Could you measure me?
쿠쥬 메줘 미

▶ 더 큰 것은 있습니까?
Do you have a bigger one?
두 유 해버 비거 원

▶ 더 작은 것은 있습니까?
Do you have a smaller one?
두 유 해버 스몰러 원

Voca look for 찾다 measure 측정하다

fit은 '(모양이나 크기가) 맞다, 적절하다, 적합하게 하다' 등의 동사로
사용되며, 형용사로 사용될 때는 '적합한, 건강한'이라는 의미를 가진
다. 몸에 딱 맞는 옷을 보고 '핏이 좋다'라고 말하는 경우가 있는데, fit
에서 파생되어 사용되는 말이라고 볼 수 있다.

▶ 이 재킷은 제게 맞지 않습니다.
This jacket doesn't fit me.
디스 재킷 더즌트 핏미

▶ 조금 큰 것 같군요.
It seems to be a little too big.
잇 씸즈 투 비 어 리틀 투 빅

▶ 너무 큽니다.
It's too big.
잇츠 투 빅

▶ 너무 헐렁합니다.
It's too loose.
잇츠 투 루즈

▶ 너무 적습니다.
It's too small.
잇츠 투 스몰

▶ 너무 꽉 낍니다.
It's too tight.
잇츠 투 타이트

Voca seem ~처럼 보이다 a little 조금 loose 헐렁한

made 뒤에는 여러 전치사가 올 수 있는데 made in은 '~에서 만들어진', made by는 '~에 의해서 만들어진, ~가 만든'이라는 의미이다. made from은 '~로 만들어진'이라는 의미인데 made of와의 차이점은 made of가 만들어지고도 형태나 성질이 변하지 않는 것에 사용된다면 made from은 만들어지고 크게 변화된 것에 사용된다. 현대 영어에서는 엄격하게 구분하여 사용하지 않는다.

▶ 재질은 무엇입니까?
What's this made of?
왓츠 디스 메이덥

▶ 미국제품입니까?
Is this made in the U.S.A?
이즈 디스 메이딘 더 유 에스 에이

▶ 질은 괜찮습니까?
Is this good quality?
이즈 디스 굿 퀄러티

▶ 이건 실크 100%입니까?
Is this 100%(a hundred percent) silk?
이즈 디스 어 헌드레드 퍼센트 실크

▶ 이건 수제품입니까?
Is this hand-made?
이즈 디스 핸드 메이드

▶ 이건 무슨 향입니까?
What's this fragrance?
왓츠 디스 프래그런스

Part 7

요할 표현

Voca made in ~에서 만들어진 silk 비단 hand-made 손으로 만든 fragrance 향

DAY 351 물건 값을 흥정할 때

깎아 달라고 할 때는 discount를 활용하는 표현 외에 cut down, please.도 사용할 수 있다. cut down은 무엇인가를 잘라서 넘어뜨리는 의미에서 '삭감, 저하' 등의 뜻으로 사용되는데, 물건 값을 흥정할 때 '삭감해 주세요, 깎아 주세요'라는 의미가 된다.

▶ 너무 비쌉니다.

It's too expensive.
잇츠 투 익스펜시브

▶ 깎아 주시겠어요?

Can you give a discount?
캔 유 기버 디스카운트

▶ 더 싼 것은 없습니까?

Anything cheaper?
에니씽 취퍼

▶ 더 싸게 해 주실래요?

Will you take less than that?
윌 유 테이크 레스 댄 댓

▶ 깎아 주면 사겠습니다.

If you discount I'll buy.
이퓨 디스카운트 아윌 바이

▶ 현금으로 지불하면 더 싸게 됩니까?

Do you give discounts for cash?
두 유 깁 디스카운츠 포 캐쉬

Voca expensive 비싼 cheap 싼 cash 현금

값을 물어보는 How much is it?과 비슷한 표현으로는 What does it come to?가 있다. '~하면 떠오르는 게 무엇인가요?'라고 할 수 있는데, 물건을 구입할 때는 가격을 물어보는 표현이 될 수 있다. What 대신에 How much를 사용할 수도 있다.

▶ 이건 얼마입니까?

How much is this?

하우 마취 이즈 디스

▶ 하나에 얼마입니까?

How much for one?

하우 마취 포 원

▶ 전부 해서 얼마나 됩니까?

How much is it all together?

하우 마취 이짓 올 투게더

▶ 세금이 포함된 가격입니까?

Does it include tax?

더짓 인클루드 텍스

▶ 지불은 어떻게 하시겠습니까?

How would you like to pay?

하우 우쥬 라익투 페이

▶ 카드도 됩니까?

May I use a credit card?

메아이 유저 크레딧 카드

Voca tax 세금

지불 방법에는 cash(현금), credit card(신용카드), check(수표) 등이 있다. 거스름돈은 change인데, shortchange는 거스름돈이 짧은 것이므로 거스름돈을 덜 주었다는 의미가 된다. 거스름돈을 줄 때는 Here's your change.라고 하고, 거스름돈은 주지 않아도 된다고 말할 때는 Keep the change.라고 한다.

▶ 이걸로 하겠습니다.

I'll take this.

아윌 테익디스

▶ 어디서 계산을 하죠?

Where do I pay?

웨어 두 아이 페이

▶ 이것도 좀 계산해 주시겠어요?

Will you add these up for me?

윌 유 애드 디접 포 미

▶ 아참, 이 셔츠도 계산에 넣어 주세요.

Oh, and add in this shirt.

오 앤 애드 인 디스 셔츠

▶ 거스름돈이 모자라는 것 같군요.

I think I was shortchanged.

아이 씽크 아이 워즈 숏체인쥐드

▶ 거스름돈을 더 주셨습니다.

You gave me too much change.

유 게이브 미 투 마취 체인쥐

Voca add up 합산하다 shortchange 거스름돈을 덜 주다

separately는 [세퍼레잇을리]처럼 들린다. [잇] 다음에 잠깐 호흡을 멈
춘다는 느낌으로 발음해 보자. 뒤에 -ly가 붙은 형태의 부사는 주로 이
런 식으로 발음한다. exactly는 [이그잭] 다음에 잠깐 멈추었다가 [을
리]라고 이어 발음해 보자. partly는 [팟] 다음에 잠깐 멈추었다가 [을
리]라고 이어 발음해 보자.

▶ 봉지를 주시겠어요?
Could I have a bag?
쿠다이 해버 백

▶ 이걸 선물용으로 포장해 주시겠어요?
Can you gift-wrap this?
캔 유 기프트랩 디스

▶ 따로따로 포장해 주세요.
Please wrap them separately.
플리즈 랩 뎀 세퍼레이틀리

▶ 이거 넣을 박스 좀 얻을 수 있나요?
Is it possible to get a box for this?
이짓 파서블 투 게러 박스 포 디스

▶ 이거 포장할 수 있나요? 우편으로 보내고 싶은데요.
Can you wrap this up? I want to send it in the mail.
캔 유 랩 디썹 아이 원투 센딧 인 더 메일

Part 7 여행 표현

Voca gift-wrap 선물용으로 포장하다

send this는 d 발음이 약해져 거의 발음되지 않고 [센디스]처럼 발음한다. with this 역시 th가 하나 탈락되어 [위디스]처럼 발음한다. would it은 한 단어처럼 [우딧]으로 발음한다. send it 역시 한 단어처럼 [센딧]으로 발음한다.

▶ 이걸 ○○호텔까지 갖다 주시겠어요?

Could you send this to ○○Hotel?

쿠쥬 센드 디스 투 ○○호텔

▶ 언제 배달해 주시겠습니까?

When would it arrive?

웬 우딧 어라이브

▶ 별도로 요금이 듭니까?

Is there an extra charge for that?

이즈 데어런 엑스트러 챠지 포 댓

▶ 이 카드와 함께 보내주세요.

I'd like to send it with this card.

아이드 라익투 센딧 위디스 카드

▶ 이 주소로 보내주세요.

Please send it to this address.

플리즈 센딧 투 디스 어드레스

Voca extra charge 별도의 요금

How much does it cost?(얼마인가요?)라는 표현은 암기해 두는 게 좋다. 여기에서 cost는 '값이 들다, 값이 ~이다'라는 의미의 동사로 사용되었다. 동사 cost는 그 외에 '희생시키다' 등의 의미가 있다. 명사로 사용될 때는 '값, 비용, 노력' 등의 의미이다. at no cost는 '무료로'라는 의미이다.

▶ 이 가게에서 한국으로 발송해 주시겠어요?

Could you send this to Korea from here?

쿠쥬 센드 디스 투 코리어 프럼 히어

▶ 한국 제 주소로 보내주시겠어요?

Could you send it to my address in Korea?

쿠쥬 센딧 투 마이 어드레스 인 코리어

▶ 항공편[선편]으로 부탁합니다.

By air mail[sea mail], please.

바이 에어 메일[씨 메일] 플리즈

▶ 한국까지 항공편으로 며칠 정도 걸립니까?

How long does it take to reach Korea by air mail?

하우 롱 더짓 테익투 리취 코리어 바이 에어 메일

▶ 항공편으로 얼마나 듭니까?

How much does it cost by air mail?

하우 마취 더짓 코스트 바이 에어 메일

Part 7 요망 표현

Voca air mail 항공우편 sea mail 배편 우편 reach 도달하다

stain은 '얼룩'이다. 반대말은 '얼룩이 없는'이라는 의미의 stainless인데, stainless는 '흠 없는, 깨끗한, 얼룩이 없는'이라는 의미도 있지만, '녹슬지 않는'이라는 의미도 있다. 우리가 사용하는 스테인리스가 이것이다.

▶ 이걸 교환해 주시겠어요?

Can I exchange this?
캔 아이 익스체인쥐 디스

▶ 다른 것으로 바꿔 주시겠어요?

Can I exchange it for another one?
캔 아이 익스체인쥐 잇 포 어나더 원

▶ 깨져 있습니다.

It's broken.
잇츠 브로컨

▶ 찢어져 있습니다.

It's ripped.
잇츠 립트

▶ 사이즈가 안 맞아요.

This size doesn't fit me.
디스 싸이즈 더즌트 핏미

▶ 여기에 얼룩이 있습니다.

I found a stain here.
아이 파운더 스테인 히어

Voca exchange 교환하다 broken 깨진 rip 찢다 stain 얼룩

결함이 있는(defective) 물건을 샀다면 교환을 하거나(exchange) 반품할(return) 수 있다. 수리를 해 달라고(fix) 요청하고 그게 잘 되지 않으면 환불을(refund) 받을 수 있다. 이것이 제품 결함으로 불만(claim)을 제기할 때 자주 접할 수 있는 단어들이다.

▶ 어디로 가면 됩니까?

Where should I go?

웨어 슈다이 고

▶ 반품하고 싶은데요.

I'd like to return this.

아이드 라익투 리턴 디스

▶ 아직 쓰지 않았습니다.

I haven't used it at all.

아이 해븐트 유스팃 앳롤

▶ 가짜가 하나 섞여 있었습니다.

I found a fake included.

아이 파운더 훼이크 인클루디드

▶ 영수증은 여기 있습니다.

Here is a receipt.

히어리저 리씨트

▶ 수리해 주시든지 환불해 주시겠어요?

Could you fix it or give me a refund?

쿠쥬 픽싯 오어 깁미 어 리펀드

Part 7

여행 표현

Voca return 반환하다, 반품하다 fake 모조품 receipt 영수증

'면세'라는 단어는 duty-free와 tax-free로 표현할 수 있다. 엄격하게
구분하여 쓰지는 않지만 차이점이 있는데, duty-free는 관세 면세,
tax-free는 부가세 면세라고 할 수 있다. 따라서 우리가 공항에서 들르
는 면세점은 duty-free shop이라고 한다.

▶ 면세점은 어디에 있습니까?

Where's a duty free shop?
웨어저 듀티프리 샵

▶ 얼마까지 면세가 됩니까?

How much duty free can I buy?
하우 마춰 듀티프리 캔 아이 바이

▶ 어느 브랜드가 좋겠습니까?

What brand do you suggest?
왓 브랜드 두 유 서제스트

▶ 이 가게에서는 면세로 살 수 있습니까?

Can I buy things duty free here?
캔 아이 바이 씽스 듀티프리 히어

▶ 여권을 보여 주시겠어요?

May I have your passport, please?
메아이 해뷰어 패스포트 플리즈

▶ 비행기를 타기 전에 수취하십시오.

Receive before boarding.
리시브 비포 보딩

Voca receive 받다 board 탑승하다

Chapter

07 여행을 마치고 귀국할 때

짐이 늘어난 경우 초과요금을 지불해야 한다. 가능하면 초과되지 않는 범위 내에서 짐을 기내로 가지고 가는 것이 좋다. 시간적 여유가 있을 때 사지 못한 선물이 있다면 면세점에서 구입한다.

DAY 360 귀국편을 예약할 때

직행편은 direct flight라고 한다. '~을 경유하여'는 via를 사용한다. I'd like to fly to Chicago via L.A.라고 하면 "LA를 경유해 시카고로 가고 싶어요."가 된다.

▶ 예약은 어디서 합니까?

Where can I make a reservation?

웨어 캔 아이 메이커 레저베이션

▶ 내일 비행편을 예약할 수 있습니까?

Can you book us tomorrow's flight?

캔 유 북 어스 터마로우스 플라이트

▶ 가능한 한 빠른 편이 좋겠군요.

I want to fly as soon as possible.

아이 원투 플라이 애즈 쑨 애즈 파서블

▶ 다른 비행편은 없습니까?

Do you have any other flights?

두 유 햅에니 아더 플라이츠

▶ 직행편입니까?

Is it a direct flight?

이즈 이러 다이렉트 플라이트

Voca book 예약하다 as soon as possible 가능한 한 빨리 direct flight 직행편

Part 7 요약 표현

DAY 361 예약을 재확인할 때

한국에서 떠날 때 예약해 둔 경우에는 미리 전화나 시내의 항공사 영업소에서 예약을 재확인(reconfirm)하는 것이 좋다. 공항에서는 2시간 전에 체크인하는 것이 바람직하다. 만일에 문제가 발생했더라도 여유를 가지고 대처할 수 있다.

▶ 예약 재확인을 하고 싶은데요.

I want to reconfirm my reservation.

아이 원투 리컨펌 마이 레저베이션

▶ 몇 시에 출발하는지 확인하고 싶은데요.

I want to make sure what time it's leaving.

아이 원투 메이크 슈어 왓 타임 잇츠 리빙

▶ 2등석[1등석]을 부탁합니다.

Economy-class[first-class], please.

이코너미 클래스[퍼스트 클래스] 플리즈

▶ 예약을 재확인했습니다.

You're reconfirmed.

유어 리컨펌드

▶ 확인해보겠습니다.

I'll check.

아윌 체크

Voca reconfirm 재확인하다 make sure 확실히 하다

388

DAY 362 항공편을 변경 및 취소할 때

'예약하다'는 make a reservation, reserve 외에 book up도 사용할 수 있다. 예약이 꽉 찼다고 이야기할 때는 It is fully booked up.이라고 표현한다. 가끔 항공사에서 실수로 예약을 초과하여 받아서 문제가 생기는 경우가 있는데 이러한 경우를 over booking이라고 한다.

▶ 일정을 변경하고 싶은데요.

I want to change the flight.

아이 원투 체인쥐 더 플라이트

▶ 죄송합니다만, 비행편을 변경하고 싶은데요.

Excuse me, I want to change the flight.

익스큐즈 미 아이 원투 체인쥐 더 플라이트

▶ 오후 비행기로 변경하고 싶습니다.

I'd like to change it to an afternoon flight.

아이드 라익투 체인짓 투 언 애프터눈 플라이트

▶ 미안합니다, 그 편은 다 찼습니다.

I'm sorry, but that flight is fully booked up.

아임 쏘리 벗 댓 플라이트 이즈 풀리 북텁

▶ 웨이팅(대기자)으로 해 주시겠어요?

Would you put my name on the waiting list?

우쥬 풋 마이 네임 온 더 웨이팅 리스트

▶ 어느 정도 기다려야 할까요?

How long do we have to wait?

하우 롱 두 위 햅투 웨잇

Part 7

여행 표현

Voca fully 완전히 waiting list 대기자 목록

'요금'을 의미하는 단어로는 fee, fare, charge, rate 등이 있다. charge 는 보통 어떠한 서비스에 대한 요금을 의미하는 경우가 많고, fee는 그보다는 좀 더 전문적인 분야나 혹은 전기, 가스 등의 요금을 가리킬 때 자주 사용한다. '~당 요금, ~율'에 해당하는 단어는 주로 rate이며, 버스나 비행기 등의 교통수단에 대한 요금은 fare를 사용한다.

▶ 공항까지 부탁합니다.
To the airport, please.
투 디 에어포트 플리즈

▶ 짐은 몇 개입니까?
How many pieces of baggage?
하우 메니 피시접 배기쥐

▶ 공항까지 어느 정도 걸립니까?
How long will it take to get to the airport?
하우 롱 윌 잇 테익투 겟투 디 에어포트

▶ 공항까지 대충 얼마입니까?
What is the approximate fare to the airport?
와리즈 더 어프로씨메이트 페어 투 디 에어포트

▶ 빨리 가 주세요. 늦은 거 같네요.
Please hurry. I'm late, I am afraid.
플리즈 허리 아임 레이트 아이 엠 어프레이드

▶ 어느 항공사입니까?
Which airlines?
위치 에어라인스

Voca approximate 대략의 fare 요금 airline 항공사

364 탑승수속을 할 때

'출국카드'는 embarkation card이고, 반대말인 '입국카드'는 immi-gration card 혹은 disembarkation card이다. card 대신 form을 써도 동일한 의미이다. 신고서를 작성하다라는 말을 할 때 '작성하다'는 fill out이라고 한다.

▶ 대한항공 카운터는 어디입니까?

Where's the Korean Airlines counter?

웨어즈 더 코리언 에어라인스 카운터

▶ 여기서 체크인할 수 있습니까?

Can I check-in here?

캔 아이 체킨 히어

▶ 통로쪽[창쪽]으로 주세요.

An aisle[A window] seat, please.

언 아일[어 윈도우] 씨트 플리즈

▶ 탑승 개시는 몇 시부터입니까?

When is the boarding time?

웨니즈 더 보딩 타임

▶ 출국카드는 어디서 받습니까?

Where can I get an embarkation card?

웨어 캔 아이 게런 엠바케이션 카드

▶ 꼭 그 비행기를 타야 합니다.

I must catch the flight.

아이 머스트 캐치 더 플라잇

Part 7

요 요약 표현

Voca aisle 통로 embarkation card 출국카드 catch 잡다

비행기 안에서

세관신고서에 신고할 품목이 없다고 말할 때는 I have nothing to declare.라고 할 수도 있고, I don't have anything to declare.라고 할 수도 있다. destination의 강세는 1음절에 있으며 ti의 i[에]는 혀끝을 안쪽 윗니에 붙였다 떼는 느낌으로 발음한다.

▶ 탑승권을 보여 주시겠어요?

May I have your ticket?

메아이 해뷰어 티킷

▶ 입국카드는 가지고 계십니까?

Do you have an immigration card?

두 유 해번 이미그레이션 카드

▶ 이것이 세관신고서입니다.

This is the customs declaration form.

디씨즈 더 커스텀스 디클러레이션 폼

▶ 인천에 언제 도착합니까?

When do we land in Incheon?

웬 두 위 랜드 인 인천

▶ 제시간에 도착합니까?

Are we arriving on time?

아 위 어라이빙 온 타임

▶ 목적지는 인천입니까?

Is Incheon your destination?

이즈 인천 유어 데스터네이션

Voca customs 세관 land 착륙하다 destination 목적지